中国印刷业发展报告

(2023—2024)

李治堂等 ◎ 编著

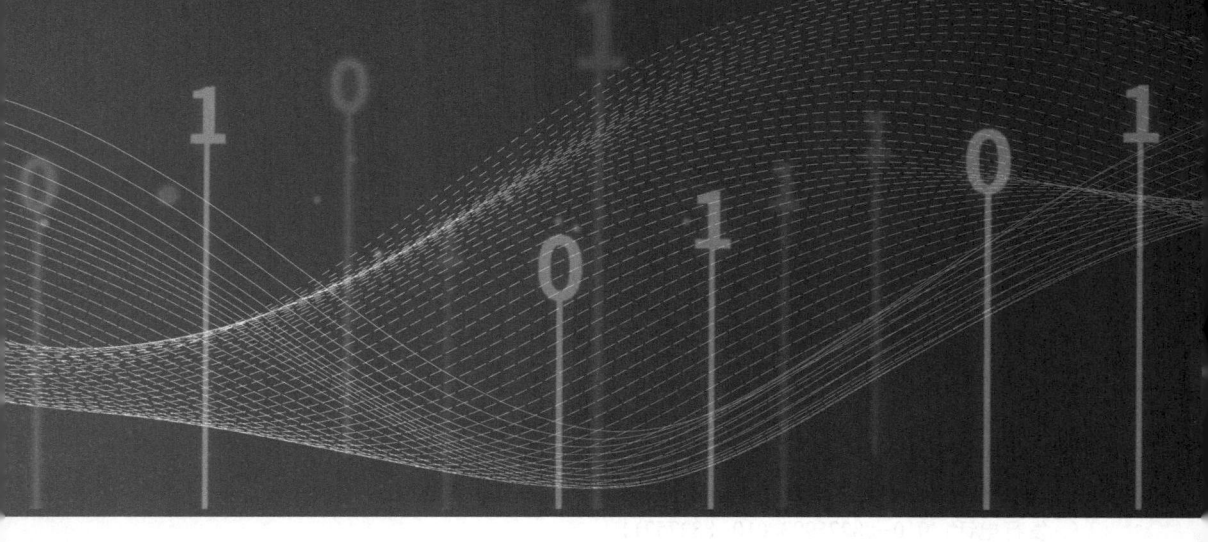

ZHONGGUO
YINSHUAYE FAZHAN
BAOGAO

文化发展出版社
Cultural Development Press
·北京·

图书在版编目（CIP）数据

中国印刷业发展报告 . 2023—2024 / 李治堂等编著 .
北京：文化发展出版社，2024. 11. -- ISBN 978-7
-5142-4469-4

Ⅰ . F426.84

中国国家版本馆 CIP 数据核字第 2024R5P799 号

中国印刷业发展报告（2023—2024）

李治堂等　编著

出 版 人：宋　娜	
责任编辑：李　毅　雷大艳	责任校对：侯　娜
责任印制：邓辉明	封面设计：魏　来

出版发行：文化发展出版社（北京市翠微路 2 号 邮编：100036）
发行电话：010-88275993　010-88275711
网　　址：www.wenhuafazhan.com
经　　销：全国新华书店
印　　刷：北京建宏印刷有限公司
开　　本：710mm×1000mm　1/16
字　　数：198 千字
印　　张：12
版　　次：2024 年 11 月第 1 版
印　　次：2024 年 11 月第 1 次印刷
定　　价：88.00 元
ＩＳＢＮ：978-7-5142-4469-4

◆ 如有印装质量问题，请与我社印制部联系。电话：010-88275720

北京文化产业与出版传媒研究基地
"中国印刷业发展研究团队"研究成果

团队负责人： 李治堂

报告编写组： 李治堂　隋心欣　张洪婧
　　　　　　　马欣缘　卫杰龙　索振宇

Preface

前 言

　　中国是世界印刷大国，中国的印刷市场是最具有发展活力和发展潜力的印刷市场。根据国家新闻出版署发布的印刷业年检数据，2022年，我国有各类印刷企业10万多家，工业总产值达到1.43万亿元，印刷业规模居世界第一位。《印刷业"十四五"时期发展专项规划》提出，到2035年，我国将建成文化强国，也必将建成印刷强国。实现印刷大国向印刷强国的转变，需要政府、行业协会、企业、高校、研究机构等各方面主体的密切合作和共同努力。北京印刷学院作为国内唯一专门为出版传媒全产业链培养人才的全日制高水平特色型高等院校，服务包括印刷业在内的出版传媒产业的发展是学校的使命。高等学校可以充分发挥人才和研究优势，关注行业发展问题，持续开展研究，指导行业发展，发挥行业专家库和智囊团的作用。北京印刷学院"中国印刷业发展研究团队"近年来致力于印刷业发展问题研究，团队主体包括教授、副教授、博士、硕士等，先后主持和参与完成了国家社科基金重大项目子课题、教育部发展报告项目、北京社科基金项目等省部级及以上项目6项，研究成果被行业主管部门和行业协会采纳，《中国印刷业发展研究报告：1998—2020年的发展与预测》版权输出到英国，并获得教育部高等学校科学研究优秀成果三等奖。

　　本报告由综合报告和专题报告组成，共包括1个综合报告和2个专题报告。综合报告全面分析了我国印刷业发展概况、规模以上印刷企业发展情况、国有及国有控股印刷企业发展情况、私营印刷企业发展情况、外商投资和港澳台商投资印刷企业发展情况以及大中型印刷企业发展情况。专题报告1利用月度数据，分析了规模以上印刷企业运营状况。专题报告2分析了重点省市印刷业发展状况。

　　本书第 1～2 章由隋心欣编写，第 3 章由隋心欣、索振宇编写，第 4～7 章由张洪婧编写，第 8～10 章由马欣缘编写，第 11～14 章由卫杰龙编写，第 15～16 章由索振宇编写，全书由李治堂审核定稿。

　　本书出版得到北京印刷学院会计硕士产学研联合培养研究生基地建设项目、北京文化产业与出版传媒研究基地建设项目的资助。

　　水平所限，错误或不当之处在所难免，敬请专家和读者批评指正。

李治堂
2024 年 6 月

Contents

目 录

第一部分 中国印刷业发展综合报告

第 1 章 印刷业发展概况 / 2

1.1 印刷业发展的宏观经济环境 / 2

1.2 印刷业发展相关政策 / 4

1.3 我国印刷业发展现状 / 6

1.4 我国印刷业发展态势 / 21

第 2 章 规模以上印刷企业发展情况 / 23

2.1 规模以上工业企业指标分析 / 23

2.2 规模以上印刷企业指标分析 / 25

2.3 规模以上工业企业与印刷企业的指标比较分析 / 26

第 3 章 国有及国有控股印刷企业发展情况 / 29

3.1 国有及国有控股工业企业指标分析 / 29

3.2　国有及国有控股印刷企业指标分析 / 30

3.3　国有及国有控股工业企业与印刷企业的指标比较分析 / 32

第 4 章　私营印刷企业发展情况 / 34

4.1　私营工业企业指标分析 / 34

4.2　私营印刷企业指标分析 / 35

4.3　私营工业企业与印刷企业的指标比较分析 / 37

第 5 章　外商投资和港澳台商投资印刷企业发展情况 / 39

5.1　外商投资和港澳台商投资工业企业指标分析 / 39

5.2　外商投资和港澳台商投资印刷企业指标分析 / 40

5.3　外商投资和港澳台商投资工业企业与印刷企业的指标比较分析 / 42

第 6 章　大中型印刷企业发展情况 / 44

6.1　大中型工业企业指标分析 / 44

6.2　大中型印刷企业指标分析 / 45

6.3　大中型工业企业与印刷企业的指标比较分析 / 47

第二部分　专题报告——规模以上印刷企业运行状况分析

第 7 章　规模以上印刷企业整体运行状况分析 / 50

7.1　工业生产者价格指数变化分析 / 50

7.2　工业增加值及增长率 / 52

7.3 工业出口交货值及增长率 / 55

7.4 企业及亏损企业数 / 58

第 8 章 规模以上印刷企业生产经营状况分析 / 62

8.1 企业流动资产及增长率 / 62

8.2 企业应收账款及增长率 / 64

8.3 企业存货及增长率 / 66

8.4 企业产成品及增长率 / 68

8.5 企业资产总计及增长率 / 70

8.6 企业负债合计及增长率 / 71

8.7 企业营业收入及增长率 / 73

8.8 企业营业成本及增长率 / 75

8.9 企业销售费用及增长率 / 77

8.10 企业管理费用及增长率 / 79

8.11 企业财务费用及增长率 / 81

8.12 企业营业利润及增长率 / 83

8.13 企业利润总额及增长率 / 85

8.14 企业平均用工人数及增长率 / 87

第三部分 专题报告——重点省市印刷业发展状况

第 9 章 北京市印刷业发展状况分析 / 92

9.1 北京市规模以上印刷企业指标分析 / 92

9.2　北京市规模以上国有控股印刷企业指标分析／94

9.3　北京市规模以上港澳台及外商投资印刷企业指标分析／96

9.4　北京市规模以上大中型印刷企业指标分析／98

第10章　山东省印刷业发展状况分析／101

10.1　山东省规模以上印刷企业指标分析／101

10.2　山东省规模以上国有控股印刷企业指标分析／103

10.3　山东省规模以上港澳台及外商投资印刷企业指标分析／105

10.4　山东省规模以上私营印刷企业指标分析／106

第11章　河南省印刷业发展状况分析／109

11.1　河南省规模以上印刷企业指标分析／109

11.2　河南省规模以上国有控股印刷企业指标分析／111

11.3　河南省规模以上公有制印刷企业指标分析／113

11.4　河南省规模以上私营印刷企业指标分析／115

第12章　广东省印刷业发展状况分析／118

12.1　广东省规模以上印刷企业指标分析／118

12.2　广东省规模以上国有控股印刷企业指标分析／120

12.3　广东省规模以上股份制印刷企业指标分析／122

12.4　广东省规模以上"三资"印刷企业指标分析／124

12.5　广东省规模以上私营印刷企业指标分析／126

12.6　广东省规模以上大中型印刷企业指标分析／128

第13章 浙江省印刷业发展状况分析 / 131

13.1 浙江省规模以上印刷企业指标分析 / 131

13.2 浙江省国有及国有控股印刷企业指标分析 / 133

13.3 浙江省外商投资和港澳台商投资印刷企业指标分析 / 135

13.4 浙江省规模以上私营印刷企业指标分析 / 137

13.5 浙江省大中型印刷企业指标分析 / 139

第14章 江苏省印刷业发展状况分析 / 142

14.1 江苏省规模以上印刷企业指标分析 / 142

14.2 江苏省国有控股印刷企业指标分析 / 144

14.3 江苏省外商投资和港澳台商投资印刷企业指标分析 / 146

14.4 江苏省私营印刷企业指标分析 / 148

14.5 江苏省大中型印刷企业指标分析 / 150

第15章 湖南省印刷业发展状况分析 / 153

15.1 湖南省规模以上印刷企业指标分析 / 153

15.2 湖南省规模以上国有控股印刷企业指标分析 / 155

15.3 湖南省私营印刷企业指标分析 / 157

15.4 湖南省外商投资和港澳台商投资印刷企业指标分析 / 159

15.5 湖南省规模以上大中型印刷企业指标分析 / 161

第16章 福建省印刷业发展状况分析 / 163

16.1 福建省规模以上印刷企业指标分析 / 163

16.2 福建省国有控股印刷企业指标分析 / 165

16.3　福建省规模以上外商及港澳台投资印刷企业指标
　　　分析／166

16.4　福建省大中型印刷企业指标分析／168

表索引／170

图索引／176

第一部分
中国印刷业发展
综合报告

第1章　印刷业发展概况

1.1　印刷业发展的宏观经济环境

印刷业既是历史悠久的传统制造业，又是重要的现代服务业，同时还是文化产业的重要组成部分。印刷业与社会经济发展关系密切，其发展必然受到宏观经济环境的影响。近年来，我国经济由高速增长阶段进入高质量发展阶段，供给侧结构性改革和经济结构性调整不断深化，2020—2022年印刷业发展经受了新型冠状病毒感染疫情的冲击。2023年，我国经济开始转向疫情之后的全面恢复，经济增长和居民信心修复为印刷业发展注入积极动力。

2023年国内生产总值达到1260582亿元，比上年增长5.2%。其中，第一产业增加值89755亿元，比上年增长4.1%；第二产业增加值482589亿元，比上年增长4.7%；第三产业增加值688238亿元，比上年增长5.8%。第一产业增加值占国内生产总值的比重为7.1%，第二产业增加值占国内生产总值的比重为38.3%，第三产业增加值占国内生产总值的比重为54.6%。最终消费支出拉动国内生产总值增长4.3个百分点，资本形成总额拉动国内生产总值增长1.5个百分点，货物和服务净出口向下拉动国内生产总值0.6个百分点。全年人均国内生产总值为89358元，比上年增长5.4%。国民总收入为1251297亿元，比上年增长5.6%。全员劳动生产率为161615元/人，比上年提高5.7%。

分析全年规模以上工业增加值数据可知，装备制造业增加值比上年增长6.8%，占规模以上工业增加值的比重为33.6%；高技术制造业增加值增长2.7%，占规模以上工业增加值的比重为15.7%。新能源汽车产量为944.3万辆，比上年增长30.3%；太阳能电池（光伏电池）产量为5.4亿千瓦，比上年增长54.0%；服务机器人产量为783.3万套，比上年增长23.3%；3D打印设备产量为278.9万台，比上年增长36.2%。在规模以上服务业中，战略性新兴服务业企业营业收入比上年增长7.7%。高技术产业投资比上年增长10.3%，制造业技术改造投资比上年增长3.8%。电子商务交易额为468273亿元，比上年增长9.4%。网上零售额为154264亿元，比上年增长11.0%。全年新设经营主体3273万户，日均新设企业2.7万户。

全部工业增加值为399103亿元，比上年增长4.2%。规模以上工业增加值增长4.6%。规模以上工业企业利润为76858亿元，比上年下降2.3%。社会消费品零售总额为471495亿元，比上年增长7.2%。全社会固定资产投资为509708亿元，比上年增长2.8%。全国居民人均可支配收入为39218元，比上年增长6.3%，扣除价格因素，实际增长6.1%。全国居民人均可支配收入的中位数为33036元，比上年增长5.3%。全年全国居民人均消费支出为26796元，比上年增长9.2%，扣除价格因素，实际增长9.0%。全年服务进出口总额为65754亿元，比上年增长10.0%。其中，出口额为26857亿元，比上年下降5.8%；进口额为38898亿元，比上年增长24.4%。服务进出口逆差为12041亿元。

2023年，我国经济实现恢复性增长，同期居民收入和消费增长速度快于经济增长速度，全社会固定资产投资略有增长，企业和居民对经济增长的信心逐步恢复，进出口总额有较大的增长，但是出口总额仍下降，出口形势依然严峻。

2024年，我国经济继续保持向好发展态势，经济增长动能逐步积累与释放，经济增长信心进一步提升。2024年1—4月，全国规模以上工业企业实现利润总额20946.9亿元，同比增长4.3%。1—4月，在规模以上工业企业中，国有控股企业实现利润总额7396.4亿元，同比下降2.8%；股份制企业实现利润总额15508.1亿元，同比增长0.9%；外商及港澳台投资企业实现利润总额5285.9亿元，同比增长16.7%；私营企业实现利润总额5448.0亿元，同比增长6.4%。2024年1—4月，全国固定资产投资（不含农户）143401亿元，同比增长 4.2%。分产业看，第一产业投资 2636 亿元，同比增长 1.9%；第二产业投资 47634 亿元，同比增长 13.0%；第三产业投资 93131 亿元，同比增长 0.3%。

我国具有超大规模市场优势，经济发展韧性强，调整空间大，产业链配套完整，随着经济结构的调整和优化升级，高新技术制造业等新产业不断发展壮大，中国企业对品牌建设更加重视，在数字技术的赋能下印刷业的制造服务能力不断提升，印刷业仍有较大的发展空间。

1.2 印刷业发展相关政策

国家印刷业主管部门通过制定相关政策与规划来引导印刷企业绿色化、高端化、智能化发展，不断提升供给能力与质量。

（1）发挥国家印刷示范企业的示范引领作用

国家新闻出版署于 2022 年 11 月 23 日印发《国家印刷示范企业管理办法》（以下简称《管理办法》）。《管理办法》指出，通过建设一批国家印刷示范企业，培育壮大产业发展新动能，深化印刷业供给侧结构性改革，推进产业基础高级化、产业链现代化，推动印刷业改革创新，更好地承担宣传工作的使命任务，满足人民日益增长的美好生活需要。示范企业分为保障支撑类、创新引领类、智能制造类、专业特色类四类，《管理办法》明确了国家印刷示范企业的申报条件。

国家新闻出版署于 2023 年 7 月 24 日公布了 2023 年国家印刷示范企业的认定结果，共评审认定 24 家国家印刷示范企业，其中保障支撑类 9 家、创新引领类 6 家、智能制造类 5 家、专业特色类 4 家。

国家新闻出版署于 2024 年 1 月 24 日印发《关于开展 2024 年印刷企业年度报告和国家印刷示范企业考核工作的通知》，开展国家印刷示范企业考核。

（2）加快标准化建设，促进出版印刷高质量发展

国家新闻出版署于 2023 年 4 月 13 日公示了《外语辞书出版规则》等 17 项拟立项行业标准项目，其中和印制相关的标准有《儿童纸板图书结构设计规范》《数字印刷颜色体系技术规范》《印刷包装纸压痕挺力测定方法》《个性化印刷服务参考模型》《蝴蝶装图书要求》《绿色印刷材料 覆膜用纸质薄

膜》《书刊包装规范》《紫外光固化印刷橡皮布》。

国家新闻出版署于 2024 年 3 月 5 日发布关于《数字印刷标准体系表》等 7 项拟立项行业标准项目的公示，拟将《数字印刷标准体系表》等 7 项行业标准项目列入新闻出版业 2024 年行业标准立项计划。

为更好地发挥科技与标准在出版业高质量发展中的作用，加强示范引领，促进成果转化，国家新闻出版署实施了出版业科技与标准创新示范项目。2022 年评选出版业科技与标准创新示范项目 34 项，其中科技类 27 项，标准类 7 项。2023 年评选出版业科技与标准创新示范项目 30 项，其中科技类 22 项，标准类 8 项。在这些科技与标准创新示范项目中，印刷类的项目有 10 余项。

（3）加强行业监管和质量管理工作

国家新闻出版署于 2023 年 3 月 6 日印发《关于做好 2023 年印刷发行重点管理工作的通知》（以下简称《通知》），对 2023 年印刷复制发行重点管理工作做出部署。《通知》提出，以数字化为印刷发行工作赋能，贯彻落实印刷业数字化发展改革试点工作方案，抓细抓实按需印刷发展、印刷智能制造工程、印刷智慧监管各项试点任务，推进实践创新、制度创新，不断扬优势、补短板、强弱项。组织开展"双随机、一公开"抽查。在重要时间节点前后，对印刷复制发行企业开展随机抽查，对内部资料性出版物审批管理情况进行重点核查。全年抽查印刷复制发行企业比例不低于 20%，抽查内部资料性出版物样本不低于 80%。开展"3·15"印刷复制质检活动，加强巡查和抽检，依法对印制批质量不合格单位进行行政处罚。

国家新闻出版署于 2023 年 3 月 16 日印发《关于加强印刷复制质量管理的通知》，提出到 2025 年，印刷复制供给体系质量有效提升，质量品牌得到培育壮大，质量优势显著增强，质量安全得到保障。

国家新闻出版署于 2023 年 4 月 19 日印发《关于 2022 年"3·15"印刷复制质检活动、中小学重点教材印制和环保质量检查情况的通报》，提及在出版单位库房和出版物市场共随机抽取图书、报纸、期刊样本 279 种 2781 册（份），光盘产品样本 10 种 30 片，覆盖北京、天津、山西、内蒙古、湖北、广东、重庆、四川 8 个地区以及部分中央和国家机关的 88 家出版单位。在印刷企业共随机抽取食品、药品、饮品等包装装潢印刷品样本 12 种 276 个，覆盖盖北京、湖北、重庆 3 个地区的 6 家印刷企业。

国家新闻出版署于 2024 年 3 月 14 日发布《关于开展 2024 年印刷复制质

检活动的通知》，活动内容包括："3·15"印刷复制质量专项检查，中小学重点教材印制环保质量检查，重点出版产品生产过程质量监测。

1.3 我国印刷业发展现状

印刷业是我国出版业的重要组成部分，是社会主义文化繁荣兴盛的重要推动力量，是国民经济的重要服务支撑。印刷业作为国民经济配套性行业，其发展与国民经济息息相关。截至2022年底，我国共有各类印刷企业10.44万家，从业人员344.13万人，实现总产值1.43万亿元。目前，我国印刷业总产值和增加值均居世界首位，成为名副其实的世界第一印刷大国。中国的印刷市场是世界上最大的印刷应用市场，也是最具发展潜力和活力的印刷市场。

从表1-1可知，2018—2022年，我国印刷业总产值逐年增长，2021年和2022年，尽管遭受新型冠状病毒感染疫情的不利影响，印刷业总产值增长速度仍不断加快，2022年增长率达到9.6%，2022年印刷业总产值达到1.43万亿元。

表1-1　2018—2022年我国印刷业总产值及增长率

年度	印刷业总产值/亿元	增长率/%
2018	12700.00	5.3
2019	13000.00	2.4
2020	13200.00	3.5
2021	13800.00	4.5
2022	14300.00	9.6

资料来源：根据印刷业年检数据和公开数据整理。

截至2022年底，印刷业规模以上印刷企业6840家，资产总计7380.3亿元，2022年实现营业收入6969.5亿元，利润总额420.6亿元。2024年1—4月，规模以上印刷企业实现营业收入2022.9亿元，同比增长4.1%，利润96.5亿元，同比增长28.8%，规模以上印刷企业营业收入和利润实现双增长。

（1）出版物印刷发展状况分析

从表1-2可知，截至2022年12月底，我国共有出版物印刷企业7358家，2022年实现总产值1930.36亿元，增加值416.84亿元。

表 1-2　出版物印刷主要指标

年度	企业单位数 / 个	总产值 / 亿元	增加值 / 亿元
2018	7277	1851.88	514.49
2019	7427	1860.01	440.20
2020	7345	1741.54	396.63
2021	7389	1941.96	458.51
2022	7358	1930.36	416.84

资料来源：国家新闻出版署印刷业年检数据。

从表 1-3 可知，2020 年出版物印刷企业单位数、总产值和增加值均出现下滑，2021 年出版物印刷企业单位数、总产值、增加值均实现增长，2022 年相比 2021 年有所下降。

表 1-3　出版物印刷主要指标增长率　　　　　　　　　　单位：%

年度	企业单位数增长率	总产值增长率	增加值增长率
2018	1.4	3.7	6.7
2019	2.1	0.4	-14.4
2020	-1.1	-6.4	-9.9
2021	0.6	11.5	15.6
2022	-0.4	-5.8	-9.1

资料来源：国家新闻出版署印刷业年检数据。

从表 1-4 可知，2018 年，出版物印刷总产值排前五位的省市分别是广东省、浙江省、山东省、北京市和湖南省，广东省总产值和增加值均有明显的优势，北京市出版物印刷总产值位居第四，而增加值位居第二。

表 1-4　2018 年出版物印刷五强省市　　　　　　　　　单位：亿元

排名	省市	总产值	增加值
1	广东	296.07	69.98
2	浙江	191.06	43.61
3	山东	179.53	25.17
4	北京	163.75	53.59
5	湖南	120.89	26.61

资料来源：国家新闻出版署印刷业年检数据。

从表1-5可知，2019年，出版物印刷总产值广东省仍为第一，山东省跃居第二，浙江省排名下降为第四，北京市超过浙江省位居第三。

表1-5　2019年出版物印刷五强省市　　　　　　　单位：亿元

排名	省市	总产值	增加值
1	广东	337.19	91.40
2	山东	197.52	28.67
3	北京	146.20	49.31
4	浙江	123.16	25.73
5	湖南	122.84	26.47

资料来源：国家新闻出版署印刷业年检数据。

从表1-6可知，2020年，出版物印刷总产值广东省仍为第一，山东省第二，北京市第三，湖南省超过浙江省位居第四，浙江省下滑至第五。

表1-6　2020年出版物印刷五强省市　　　　　　　单位：亿元

排名	省市	总产值	增加值
1	广东	315.17	85.87
2	山东	179.73	26.37
3	北京	120.63	32.77
4	湖南	120.15	25.90
5	浙江	119.09	22.40

资料来源：国家新闻出版署印刷业年检数据。

从表1-7可知，2021年，出版物印刷总产值广东省仍为第一，福建省跃居第二，山东省降至第三，湖南省超过北京市位居第四，北京市跌至第五。

表1-7　2021年出版物印刷五强省市　　　　　　　单位：亿元

排名	省市	总产值	增加值
1	广东	364.83	102.34
2	福建	221.75	35.33
3	山东	171.70	32.77
4	湖南	127.61	27.51
5	北京	125.01	44.55

资料来源：国家新闻出版署印刷业年检数据。

从表 1-8 可知，2022 年，出版物印刷总产值广东省、福建省、山东省、湖南省仍位居前四，前三名总产值、增加值相比 2021 年均有所下降，湖南省总产值和增加值略有增加，浙江省总产值超过北京市位居第五。

表 1-8 2022 年出版物印刷五强省市　　　　　　　单位：亿元

排名	省市	总产值	增加值
1	广东	358.77	91.64
2	福建	204.99	20.27
3	山东	164.06	31.72
4	湖南	130.19	29.10
5	浙江	126.06	26.44

资料来源：国家新闻出版署印刷业年检数据。

从图 1-1 可知，2018 年，出版物印刷增加值区域占比最大的是环渤海地区，占 33.4%，其次是其他地区，占 19.5%，再次是长三角地区，占 18.1%。2018 年出版物印刷区域分布如表 1-9 所示。

表 1-9 2018 年出版物印刷区域分布

区域	总产值/亿元	增加值/亿元	增加值占比/%
珠三角地区	296.07	69.98	13.6
长三角地区	394.07	93.17	18.1
环渤海地区	484.42	172.00	33.4
中部地区	338.74	78.89	15.3
其他地区	338.58	100.44	19.5

资料来源：国家新闻出版署印刷业年检数据。

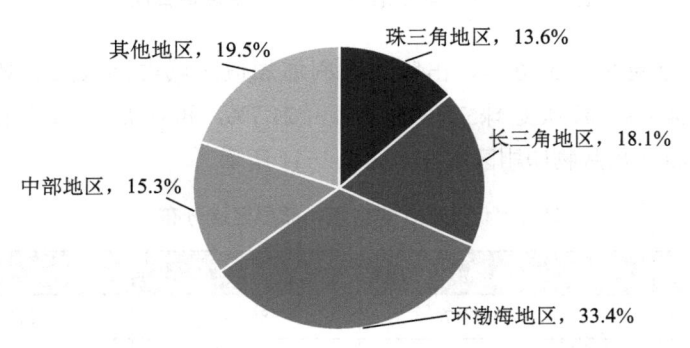

注：图中数据由于四舍五入，存在各分项之和不等于 100% 的情况。

图 1-1 2018 年出版物印刷增加值区域占比

从图 1-2 可知，2019 年，出版物印刷增加值区域占比最大的是环渤海地区，占 27.3%，其次是珠三角地区，占 20.8%，再次是长三角地区，占 17.8%。2019 年出版物印刷区域分布如表 1-10 所示。

表 1-10　2019 年出版物印刷区域分布

区域	总产值/亿元	增加值/亿元	增加值占比/%
珠三角地区	337.19	91.40	20.8
长三角地区	326.0	78.16	17.8
环渤海地区	514.62	120.19	27.3
中部地区	339.72	73.99	16.8
其他地区	342.47	76.46	17.4

资料来源：国家新闻出版署印刷业年检数据。

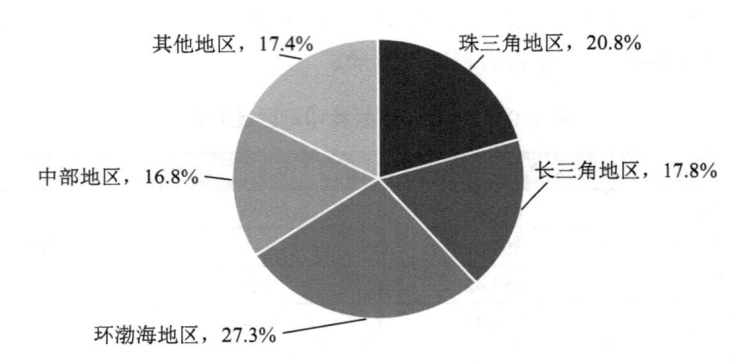

注：图中数据由于四舍五入，存在各分项之和不等于 100% 的情况。

图 1-2　2019 年出版物印刷增加值区域占比

从图 1-3 可知，2020 年，出版物印刷增加值区域占比最大的是环渤海地区，占 24.3%，其次是珠三角地区，占 21.7%，再次是长三角地区，占 19.3%。2020 年出版物印刷区域分布如表 1-11 所示。

表 1-11　2020 年出版物印刷区域分布

区域	总产值/亿元	增加值/亿元	增加值占比/%
珠三角地区	315.17	85.87	21.7
长三角地区	329.06	76.38	19.3

（续表）

区域	总产值/亿元	增加值/亿元	增加值占比/%
环渤海地区	448.61	96.27	24.3
中部地区	319.65	62.87	15.9
其他地区	329.04	75.23	19.0

资料来源：国家新闻出版署印刷业年检数据。

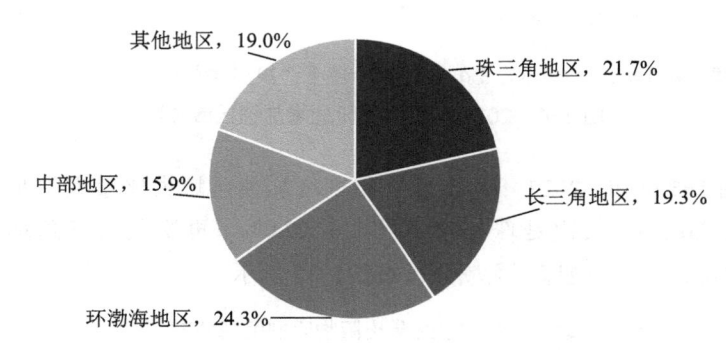

注：图中数据由于四舍五入，存在各分项之和不等于100%的情况。

图1-3　2020年出版物印刷增加值区域占比

从图1-4可知，2021年，出版物印刷增加值区域占比最大的是环渤海地区，占24.0%，其次是珠三角地区，占22.3%，再次是其他地区，占20.0%。2021年出版物印刷区域分布如表1-12所示。

表1-12　2021年出版物印刷区域分布

区域	总产值/亿元	增加值/亿元	增加值占比/%
珠三角地区	364.83	102.34	22.3
长三角地区	338.69	87.41	19.1
环渤海地区	447.27	109.84	24.0
中部地区	345.05	67.19	14.7
其他地区	446.12	91.72	20.0

资料来源：国家新闻出版署印刷业年检数据。

注：图中数据由于四舍五入，存在各分项之和不等于100%的情况。

图1-4　2021年出版物印刷增加值区域占比

从图1-5可知，2022年，出版物印刷增加值区域占比最大的是环渤海地区，占26.1%，其次是珠三角地区，占22.0%，再次是长三角地区，占21.2%。2022年出版物印刷区域分布如表1-13所示。

表1-13　2022年出版物印刷区域分布

区域	总产值/亿元	增加值/亿元	增加值占比/%
珠三角地区	358.77	91.64	22.0
长三角地区	337.77	88.31	21.2
环渤海地区	386.40	108.80	26.1
中部地区	341.74	60.67	14.6
其他地区	405.68	67.43	16.2

资料来源：国家新闻出版署印刷业年检数据。

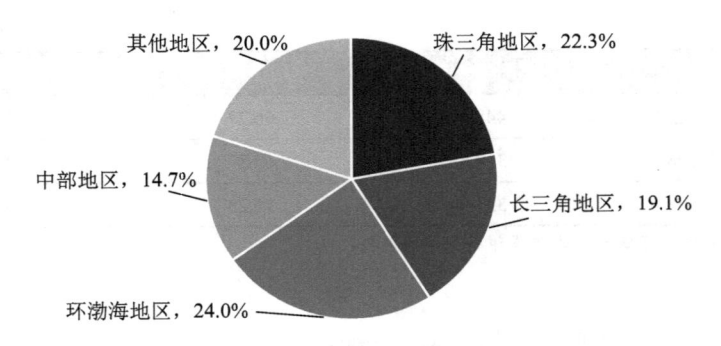

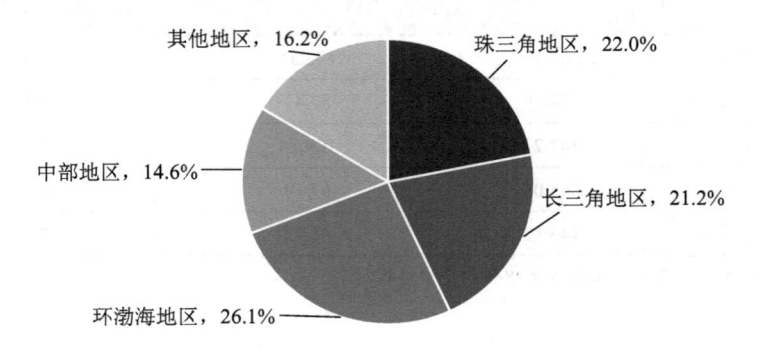

注：图中数据由于四舍五入，存在各分项之和不等于100%的情况。

图1-5　2022年出版物印刷增加值区域占比

(2) 包装装潢印刷发展状况分析

从表 1-14 可知，截至 2022 年 12 月底，我国共有包装装潢印刷企业 53834 家，2022 年实现总产值 11505.91 亿元，增加值 2315.23 亿元。

表 1-14　包装装潢印刷主要指标

年度	企业单位数 / 个	总产值 / 亿元	增加值 / 亿元
2018	50738	9838.68	2189.97
2019	50318	10075.26	2043.10
2020	51159	10097.18	2186.01
2021	52986	11054.88	2316.98
2022	53834	11505.91	2315.23

资料来源：国家新闻出版署印刷业年检数据。

从表 1-15 可知，2018—2022 年，包装装潢印刷的企业单位数增长率、总产值增长率均为正数，增加值增长率 2019 年、2022 年为负数，其余年度为正数。

表 1-15　包装装潢印刷主要指标增长率　　　　　　　　　单位：%

年度	企业单位数增长率	总产值增长率	增加值增长率
2018	1.1	6.0	5.7
2019	0.8	2.4	-6.7
2020	1.7	0.2	7.0
2021	3.6	9.5	6.0
2022	1.6	4.1	-0.1

资料来源：国家新闻出版署印刷业年检数据。

从表 1-16 可知，2018 年，包装装潢印刷总产值位于前五名的省市分别是广东省、江苏省、浙江省、山东省和上海市，其中广东省总产值达到 2128.90 亿元，远高于排名第二的江苏省。

表 1-16　2018 年包装装潢印刷五强省市　　　　　　　　单位：亿元

排名	省市	总产值	增加值
1	广东	2128.90	524.22
2	江苏	1409.71	281.71

（续表）

排名	省市	总产值	增加值
3	浙江	1176.21	247.30
4	山东	685.01	97.55
5	上海	502.38	98.31

资料来源：国家新闻出版署印刷业年检数据。

从表1-17可知，2019年，包装装潢印刷总产值位于前五名的省市分别是广东省、江苏省、浙江省、山东省和上海市，其中广东省总产值达到2172.81亿元。

表1-17 2019年包装装潢印刷五强省市　　　　　　　　　　单位：亿元

排名	省市	总产值	增加值
1	广东	2172.81	527.30
2	江苏	1460.29	228.70
3	浙江	1379.47	227.51
4	山东	712.11	96.53
5	上海	672.68	232.36

资料来源：国家新闻出版署印刷业年检数据。

从表1-18可知，2020年，包装装潢印刷总产值位于前五名的省市分别是广东省、江苏省、浙江省、山东省和上海市，其中广东省总产值达到2155.08亿元。

表1-18 2020年包装装潢印刷五强省市　　　　　　　　　　单位：亿元

排名	省市	总产值	增加值
1	广东	2155.08	557.97
2	江苏	1512.06	311.42
3	浙江	1419.50	232.88
4	山东	711.45	95.62
5	上海	663.46	235.90

资料来源：国家新闻出版署印刷业年检数据。

从表1-19可知，2021年，包装装潢印刷总产值位于前五名的省市分别是广东省、江苏省、浙江省、山东省和上海市，其中广东省总产值达到2551.26亿元。

表 1-19　2021 年包装装潢印刷五强省市　　　　单位：亿元

排名	省市	总产值	增加值
1	广东	2551.26	643.75
2	江苏	1648.53	281.41
3	浙江	1530.85	241.17
4	山东	759.65	113.96
5	上海	709.98	229.72

资料来源：国家新闻出版署印刷业年检数据。

从表 1-20 可知，2022 年，包装装潢印刷总产值位于前五名的省市分别是广东省、江苏省、浙江省、山东省和上海市，其中广东省总产值达到 2458.91 亿元。

表 1-20　2022 年包装装潢印刷五强省市　　　　单位：亿元

排名	省市	总产值	增加值
1	广东	2458.91	588.49
2	江苏	1825.35	307.62
3	浙江	1657.10	269.95
4	山东	841.12	136.95
5	上海	680.87	224.27

资料来源：国家新闻出版署印刷业年检数据。

从图 1-6 可知，2018 年，包装装潢印刷增加值区域占比最大的是长三角地区，占 33.3%，其次是珠三角地区，占 23.9%，再次是环渤海地区，占 17.9%。2018 年包装装潢印刷区域分布如表 1-21 所示。

表 1-21　2018 年包装装潢印刷区域分布

区域	总产值 / 亿元	增加值 / 亿元	增加值占比 /%
珠三角地区	2128.90	524.22	23.9
长三角地区	3268.80	730.26	33.3
环渤海地区	1590.06	392.97	17.9
中部地区	1367.12	251.78	11.5
其他地区	1483.81	290.73	13.3

资料来源：国家新闻出版署印刷业年检数据。

注：图中数据由于四舍五入，存在各分项之和不等于100%的情况。

图1-6　2018年包装装潢印刷增加值区域占比

从图1-7可知，2019年，包装装潢印刷增加值区域占比最大的是长三角地区，占33.7%，其次是珠三角地区，占25.8%，再次是环渤海地区，占14.4%。2019年包装装潢印刷区域分布如表1-22所示。

表1-22　2019年包装装潢印刷区域分布

区域	总产值/亿元	增加值/亿元	增加值占比/%
珠三角地区	2172.81	527.30	25.8
长三角地区	3512.44	688.58	33.7
环渤海地区	1544.91	293.39	14.4
中部地区	1337.19	243.14	11.9
其他地区	1507.91	291.79	14.3

资料来源：国家新闻出版署印刷业年检数据。

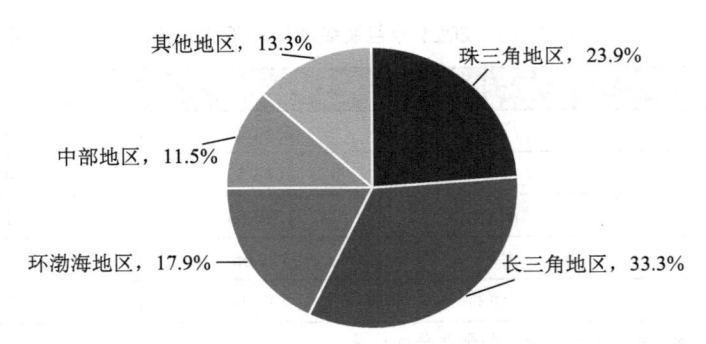

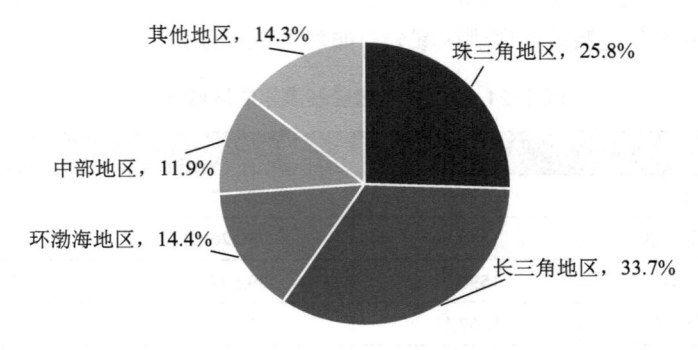

注：图中数据由于四舍五入，存在各分项之和不等于100%的情况。

图1-7　2019年包装装潢印刷增加值区域占比

第一部分　中国印刷业发展综合报告

从图 1-8 可知，2020 年，包装装潢印刷增加值区域占比最大的是长三角地区，占 35.7%，其次是珠三角地区，占 25.5%，再次是其他地区，占 14.7%。2020 年包装装潢印刷区域分布如表 1-23 所示。

表 1-23　2020 年包装装潢印刷区域分布

区域	总产值 / 亿元	增加值 / 亿元	增加值占比 /%
珠三角地区	2155.08	557.97	25.5
长三角地区	3595.03	780.19	35.7
环渤海地区	1466.07	274.03	12.5
中部地区	1364.61	253.39	11.6
其他地区	1516.40	320.43	14.7

资料来源：国家新闻出版署印刷业年检数据。

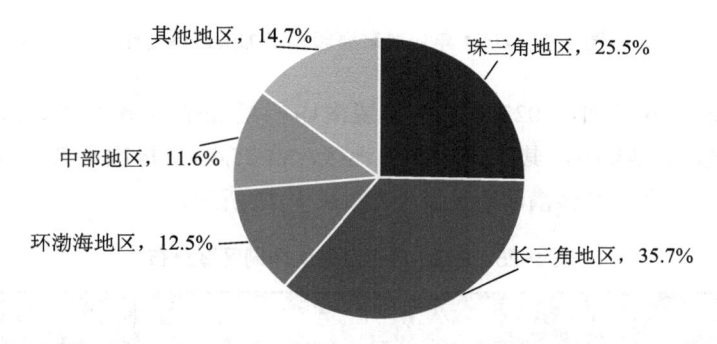

图 1-8　2020 年包装装潢印刷增加值区域占比

从图 1-9 可知，2021 年，包装装潢印刷增加值区域占比最大的是长三角地区，占 32.5%，其次是珠三角地区，占 27.8%，再次是其他地区，占 15.6%。2021 年包装装潢印刷区域分布如表 1-24 所示。

表 1-24　2021 年包装装潢印刷区域分布

区域	总产值 / 亿元	增加值 / 亿元	增加值占比 /%
珠三角地区	2551.26	643.75	27.8
长三角地区	3889.36	752.31	32.5
环渤海地区	1479.40	285.96	12.3

（续表）

区域	总产值/亿元	增加值/亿元	增加值占比/%
中部地区	1505.36	273.08	11.8
其他地区	1629.51	361.88	15.6

资料来源：国家新闻出版署印刷业年检数据。

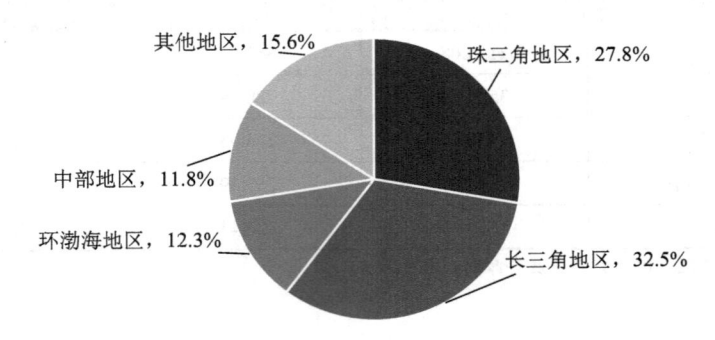

图 1-9　2021 年包装装潢印刷增加值区域占比

其他地区，15.6%
珠三角地区，27.8%
中部地区，11.8%
环渤海地区，12.3%
长三角地区，32.5%

从图 1-10 可知，2022 年，包装装潢印刷增加值区域占比最大的是长三角地区，占 34.6%，其次是珠三角地区，占 25.4%，再次是其他地区，占 15.8%。2022 年包装装潢印刷区域分布如表 1-25 所示。

表 1-25　2022 年包装装潢印刷区域分布

区域	总产值/亿元	增加值/亿元	增加值占比/%
珠三角地区	2458.91	588.49	25.4
长三角地区	4163.31	801.85	34.6
环渤海地区	1512.32	270.09	11.7
中部地区	1600.43	289.24	12.5
其他地区	1770.94	365.57	15.8

资料来源：国家新闻出版署印刷业年检数据。

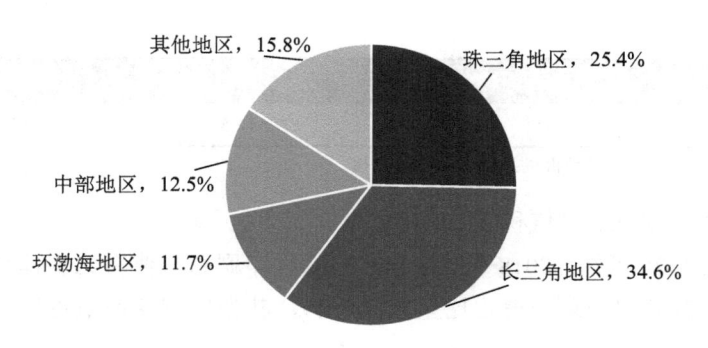

图 1-10　2022 年包装装潢印刷增加值区域占比

其他地区，15.8%
珠三角地区，25.4%
中部地区，12.5%
环渤海地区，11.7%
长三角地区，34.6%

（3）其他印刷发展状况分析

从表 1-26 可知，截至 2022 年 12 月底，我国共有其他印刷企业 38399 家，2022 年实现总产值 824.90 亿元，增加值 172.84 亿元。

表 1-26　其他印刷主要指标

年度	企业单位数/个	总产值/亿元	增加值/亿元
2018	37432	877.89	196.83
2019	36557	923.90	181.41
2020	36684	954.79	177.29
2021	38311	943.24	198.59
2022	38399	824.90	172.84

资料来源：国家新闻出版署印刷业年检数据。

从表 1-27 可知，其他印刷企业单位数增长率 2018—2019 年下降，2020—2022 年有所增加，总产值增长率 2018—2020 年为正数，2021—2022 年为负数，增加值增长率 2021 年为正数，其余年度为负数。

表 1-27　其他印刷主要指标增长率　　　　　　　　单位：%

年度	企业单位数增长率	总产值增长率	增加值增长率
2018	-4.1	2.9	-3.0
2019	-2.3	5.2	-7.8
2020	0.4	3.3	-2.3
2021	4.4	-1.2	12.0

（续表）

年度	企业单位数增长率	总产值增长率	增加值增长率
2022	0.2	−12.5	−13.0

资料来源：国家新闻出版署印刷业年检数据。

（4）印刷业总产值和增加值构成

从表 1-28 可知，2018—2022 年，出版物印刷总产值占比整体呈下降趋势，包装装潢印刷总产值占比呈上升趋势，其他印刷总产值占比先上升后下降。

表 1-28　印刷业总产值构成　　　　　　　　　　　　单位：%

年度	出版物印刷总产值占比	包装装潢印刷总产值占比	其他印刷总产值占比
2018	14.7	78.3	7.0
2019	14.5	78.4	7.2
2020	13.6	78.9	7.5
2021	13.9	79.3	6.8
2022	12.9	81.2	5.8

资料来源：国家新闻出版署印刷业年检数据。

从表 1-29 可知，2018—2022 年，出版物印刷增加值占比整体呈下降趋势，包装装潢印刷增加值占比整体呈上升趋势，其他印刷增加值占比整体呈下降趋势。

表 1-29　印刷业增加值构成　　　　　　　　　　　　单位：%

年度	出版物印刷增加值占比	包装装潢印刷增加值占比	其他印刷增加值占比
2018	17.7	75.5	6.8
2019	16.5	76.7	6.8
2020	14.4	79.2	6.4
2021	15.4	77.9	6.7
2022	14.3	79.7	5.9

资料来源：国家新闻出版署印刷业年检数据。

1.4 我国印刷业发展态势

党的二十大报告提出，要全面贯彻新发展理念，加快构建新发展格局，着力推动高质量发展。在这一背景下，印刷业积极适应新形势，深入推进"绿色化、数字化、智能化、融合化"发展，加快产业转型升级，提升核心竞争力。在印刷业主管部门、行业协会和广大印刷企业的共同努力下，印刷业经过结构调整和转型升级，不断培育新质生产力，形成产业发展新业态和新动能，行业发展逐渐走出下行趋势，实现规模增长和效益提升，并与国民经济增长保持同步。

印刷业规模和效益将进一步提升，印刷业综合实力不断壮大。新型冠状病毒感染疫情给各行各业均带来较大冲击，印刷业遭受疫情和行业产能过剩双重影响，近几年增长乏力，增长率连年下降并低于国民经济增长水平，规模以上印刷企业近几年收入和利润出现双下降，行业发展遇到较大的困难，经过2023年的恢复和调整，规模以上印刷企业在2024年1—4月实现收入与利润双增长，扭转了之前的下降趋势。2022年印刷业总产值1.43万亿元，印刷业总规模进一步提升，2023年在我国经济整体增长5.2%的情况下，印刷业总产值在2022年的基础上进一步增长。印刷业在规模扩大的同时，企业利润水平进一步提升，印刷业整体实力进一步壮大。

产业结构进一步优化，行业数字化、绿色化、智能化水平不断提升。在印刷业发展过程中，优秀的企业发展壮大，平庸的企业退出行业，行业加速向头部集中，2021年，产值5000万元以上的印刷企业达4733家，总产值达到9609亿元，占行业总产值的68.1%。数字印刷总产值216.9亿元，70多家印刷包装企业入选省级智能工厂和数字化车间名单，筹备在建数字车间、智能印厂超2000个。40%的印刷企业采取了绿色化生产措施，CTP装机量超过1.8万台，近1/3的出版物实现绿色印刷。北京雅昌彩色印刷有限公司、上海紫江企业集团股份有限公司等9家印刷企业入选工业和信息化部发布的"绿色工厂"名单。印刷业数字化、绿色化、智能化水平不断提升，印刷业转型升级取得明显进展。

创新驱动战略进一步推进，印刷业新质生产力不断形成。产业数字化和数字产业化深入推进，印刷业创新驱动战略走深走实，印刷业新质生产力不断形成，驱动印刷业高质量发展。2021年，印刷业研发投入299.5亿元，相比2018年几乎翻番，行业研发投入占营业收入的比例达到2.25%。北人智能装备科技有限公司、天津长荣科技集团股份有限公司获得国家级企业技术中心认定，北京盛通印刷股份有限公司、上海出版印刷高等专科学校入选"科创中国"首批科创基地，山东临沂新华物流集团有限责任公司、安徽新华印刷股份有限公司、苏州工业园区美柯乐制版印务有限责任公司、深圳市裕同包装科技股份有限公司、昆山科望快速印务有限公司、江苏康普印刷科技股份有限公司、陕西北人印刷机械有限责任公司7家印刷及设备器材企业的创新成果入选2022年出版业科技与标准创新示范项目。百余家印刷包装企业入选2022年省级创新型中小企业名单。新一代免处理CTP版材、第二代LED-UV曝光技术、书刊轮转LED-UV胶印技术、三合一无溶剂复合技术、数字孪生技术、数字印后增效技术等多项科技成果在行业内得到推广应用。科技创新成为推动行业发展的强大动力，印刷业新质生产力加速形成。

第 2 章 规模以上印刷企业发展情况

根据国家统计局的统计标准,规模以上工业企业是指年主营业务收入在 2000 万元及以上的工业法人单位。规模以上工业企业代表了工业的主体和主要方面,通过对规模以上工业企业发展状况的分析,基本可以把握工业企业的发展规模、效益以及变化的趋势。

2.1 规模以上工业企业指标分析

从表 2-1 可知,截至 2022 年底,全国共有规模以上工业企业 401000 家,资产总计 1561200 亿元,营业收入 1379100 亿元,创造利润总额 84038.5 亿元,平均用工 7308.8 万人。2018—2022 年,规模以上工业企业单位数、资产总计、负债合计、营业收入、营业成本整体呈逐年增加趋势。利润总额 2021 年最高,2022 年有所下降。平均用工人数 2018—2020 年逐年减少,2021 年平均用工人数有较大的增加,2022 年又大幅下降。

表 2-1　规模以上工业企业主要经济指标

年度	企业单位数/个	资产总计/亿元	负债合计/亿元	营业收入/亿元	营业成本/亿元	利润总额/亿元	平均用工人数/万人
2018	378440	1134382.2	641273.8	1049490.5	881200.2	66351.4	7942.3
2019	377815	1205868.9	681085.1	1067397.2	891095.0	65799.0	7929.1
2020	399375	1303499.3	735385.9	1083658.4	903752.5	68465.0	7756.1
2021	400000	1412900.0	792300.0	1279200.0	1071400.0	87000.0	8413.0
2022	401000	1561200.0	883000.0	1379100.0	1168400.0	84038.5	7308.8

资料来源：中国统计年鉴 2019—2023。

从表 2-2 可知，2018—2022 年，规模以上工业企业资产总计、负债合计指标均保持增长。营业收入、营业成本 2018 年增长率为负数，其余年度均为正数。利润总额增长率 2020 年、2021 年为正数，其余年度均为负数。平均用工人数增长率除 2021 年为正数外，其他年份均为负数。

表 2-2　规模以上工业企业主要经济指标增长率　　　　　　　　　单位：%

年度	企业单位数增长率	资产总计增长率	负债合计增长率	营业收入增长率	营业成本增长率	利润总额增长率	平均用工人数增长率
2018	1.53	1.11	2.11	−7.38	−7.84	−11.43	−11.34
2019	−0.17	6.30	6.21	1.71	1.12	−0.83	−0.17
2020	5.71	8.10	7.97	1.52	1.42	4.05	−2.18
2021	0.16	8.40	7.74	18.04	18.15	27.07	8.47
2022	0.25	10.50	11.44	7.81	9.05	−3.40	−13.12

资料来源：根据中国统计年鉴 2019—2023 数据计算。

从表 2-3 可知，2018—2022 年，规模以上工业企业的资产负债率比较稳定且处于比较合理的水平。净资产报酬率呈下降趋势，毛利率呈上升趋势，人均利润水平整体也呈上升趋势。

表 2-3　规模以上工业企业主要效益指标

年度	资产负债率/%	净资产报酬率/%	毛利率/%	人均利润/（万元/人）
2018	56.53	13.46	16.04	8.35
2019	56.48	12.54	16.52	8.30
2020	56.42	12.05	16.60	8.83

（续表）

年度	资产负债率 /%	净资产报酬率 /%	毛利率 /%	人均利润/（万元/人）
2021	56.10	12.00	16.80	10.34
2022	56.60	11.57	17.00	11.50

资料来源：中国统计年鉴2019—2023。

2.2 规模以上印刷企业指标分析

从表2-4可知，截至2022年底，全国共有规模以上印刷企业6500家，资产总计7152.9亿元，营业收入6956.5亿元，创造利润总额438.0亿元，平均用工73.1万人。2018—2022年，规模以上印刷企业的企业单位数、资产总计、负债合计整体呈上升趋势。营业收入整体呈上升趋势，营业成本、利润总额、平均用工人数有所波动。

表2-4 规模以上印刷企业主要经济指标

年度	企业单位数/个	资产总计/亿元	负债合计/亿元	营业收入/亿元	营业成本/亿元	利润总额/亿元	平均用工人数/万人
2018	5706	5752.4	2576.0	6471.1	5429.7	425.6	84.5
2019	5673	5906.9	2717.9	6794.0	5612.2	469.0	85.0
2020	5887	6381.2	2924.3	6638.3	5488.9	452.4	81.7
2021	6044	6623.7	3205.0	6880.8	5093.7	428.4	79.8
2022	6500	7152.9	3480.6	6956.5	4727.0	438.0	73.1

资料来源：中国统计年鉴2019—2023。

从表2-5可知，2018—2022年，规模以上印刷企业的企业单位数增长率除2019年外均为正数。资产总计增长率除2018年外均为正数，负债合计增长率均为正数。营业收入增长率2018年、2020年为负数，其余年度均为正数。营业成本增长率、平均用工人数增长率除2019年外均为负数。利润总额增长率2019年、2022年为正数，其余年度均为负数。

表 2-5　规模以上印刷企业主要经济指标增长率　　　　　单位：%

年度	企业单位数增长率	资产总计增长率	负债合计增长率	营业收入增长率	营业成本增长率	利润总额增长率	平均用工人数增长率
2018	1.51	-2.35	1.34	-17.65	-18.18	-21.51	-11.53
2019	-0.58	2.69	5.51	4.99	3.36	10.20	0.59
2020	3.77	8.03	7.59	-2.29	-2.20	-3.54	-3.88
2021	2.67	3.80	9.60	3.65	-7.20	-5.31	-2.33
2022	7.54	7.09	8.60	1.10	-7.20	2.24	-8.40

资料来源：根据中国统计年鉴2019—2023数据计算。

从表2-6可知，2018—2022年，规模以上印刷企业资产负债率略有上升，2020年有所下降，整体上资产负债率处于比较低的水平。净资产报酬率2020年后连续上升，2022年达到21.50%，毛利率变化趋势与净资产报酬率相同，2022年提高到32.05%。人均利润在波动中上升，2022年达到5.99万元/人。总体来看，规模以上印刷企业主要效益指标有所改善。

表 2-6　规模以上印刷企业主要效益指标

年度	资产负债率/%	净资产报酬率/%	毛利率/%	人均利润/（万元/人）
2018	44.78	13.40	16.09	5.04
2019	46.01	14.71	17.39	5.52
2020	45.83	13.09	17.31	5.54
2021	48.39	15.20	25.97	5.39
2022	48.66	21.50	32.05	5.99

资料来源：中国统计年鉴2019—2023。

2.3　规模以上工业企业与印刷企业的指标比较分析

从表2-7可知，2018—2022年，规模以上印刷企业的企业单位数占工业企业的企业单位数的比例先降后升。资产总计所占比重逐步下降，负债合计所占比重基本稳定。营业收入、营业成本所占比重呈下降趋势，利润总额、平均用工人数所占比重有所波动。

表 2-7　规模以上印刷企业主要经济指标占工业企业的比重　　单位：%

年度	企业单位数占比	资产总计占比	负债合计占比	营业收入占比	营业成本占比	利润总额占比	平均用工人数占比
2018	1.51	0.51	0.40	0.62	0.62	0.64	1.06
2019	1.50	0.49	0.40	0.64	0.63	0.71	1.07
2020	1.47	0.49	0.40	0.61	0.61	0.66	1.05
2021	1.51	0.47	0.40	0.54	0.48	0.49	0.95
2022	1.62	0.46	0.39	0.50	0.40	0.52	1.00

资料来源：根据中国统计年鉴2019—2023数据计算。

用规模以上印刷企业主要经济指标增长率减去规模以上工业企业主要经济指标增长率就可得到主要经济指标增长率之差。从表2-8可知，2018—2020年，规模以上印刷企业的企业单位数增长率低于工业企业的企业单位数增长率，2021—2022年，规模以上印刷企业的企业单位数增长率高于工业企业的企业单位数增长率。2018—2022年，规模以上印刷企业资产总计增长率低于工业企业资产总计增长率；负债合计增长率除2021年外均低于工业企业负债合计增长率。规模以上印刷企业的营业收入、营业成本增长率除2019年外均低于工业企业相应增长率。利润总额增长率、平均用工人数增长率2019年、2022年高于工业企业相应增长率，其余年度均低于工业企业相应增长率。

表 2-8　规模以上企业主要经济指标增长率之差　　单位：%

年度	企业单位数增长率之差	资产总计增长率之差	负债合计增长率之差	营业收入增长率之差	营业成本增长率之差	利润总额增长率之差	平均用工人数增长率之差
2018	-0.02	-3.46	-0.78	-10.26	-10.35	-10.08	-0.19
2019	-0.41	-3.62	-0.70	3.28	2.24	11.03	0.76
2020	-1.93	-0.07	-0.38	-3.82	-3.62	-7.59	-1.70
2021	2.51	-4.60	1.86	-14.39	-25.35	-32.38	-10.80
2022	7.29	-3.41	-2.84	-7.95	-16.25	5.64	4.72

资料来源：根据中国统计年鉴2019—2023数据计算。

用规模以上印刷企业主要经济效益指标减去规模以上工业企业主要经济效益指标就可得到主要经济效益指标之差。从表2-9可知，2018—2022年，资产负债率之差均为负数，说明规模以上印刷企业的资产负债率一直低于工业企业，保持着比较好的偿债能力。净资产报酬率除2018年低于工业企业外，其余年度均高于工业企业。毛利率均高于工业企业，且两者之差有扩大的趋势。人均利润均低于工业企业，说明规模以上印刷企业人均创利的能力低于工业企业。

表2-9 规模以上企业主要经济效益指标之差

年度	资产负债率/%	净资产报酬率/%	毛利率/%	人均利润/（万元/人）
2018	-11.75	-0.06	0.06	-3.32
2019	-10.47	2.17	0.88	-2.78
2020	-10.59	1.04	0.71	-3.29
2021	-7.71	3.20	9.17	-4.95
2022	-7.94	9.93	15.05	-5.51

资料来源：根据中国统计年鉴2019—2023数据计算。

第 3 章 国有及国有控股印刷企业发展情况

3.1 国有及国有控股工业企业指标分析

从表 3-1 可知，截至 2022 年底，共有国有及国有控股工业企业 27065 家，资产总计 604246.8 亿元，负债合计 351497.6 亿元，营业收入 375590.1 亿元，利润总额 24399.4 亿元，平均用工 1369.5 万人。

表 3-1 国有及国有控股工业企业主要经济指标

年度	企业单位数/个	资产总计/亿元	负债合计/亿元	营业收入/亿元	营业成本/亿元	利润总额/亿元	平均用工人数/万人
2018	18670	439908.8	258245.7	284730.4	232075.5	18583.1	1418.1
2019	20683	469679.9	271603.0	287707.7	235523.0	16067.8	1418.5
2020	22072	500461.0	289137.0	279606.8	229113.5	15346.1	1382.8
2021	25180	565082.1	327576.1	350557.9	286649.2	24435.2	1390.3
2022	27065	604246.8	351497.6	375590.1	311172.5	24399.4	1369.5

资料来源：中国统计年鉴 2019—2023。

从表 3-2 可知，2018—2022 年，国有及国有控股工业企业的企业单位数增长率除 2018 年为负数外均为正数。资产总计增长率均为正数，负债合计增长率除 2018 年外均为正数。营业收入增长率、营业成本增长率 2020 年为负数，其余年度均为正数。利润总额增长率、平均用工人数增长率多数年度为负数。

表 3-2　国有及国有控股工业企业主要经济指标增长率　　　单位：%

年度	企业单位数增长率	资产总计增长率	负债合计增长率	营业收入增长率	营业成本增长率	利润总额增长率	平均用工人数增长率
2018	-1.85	0.07	-2.95	7.29	7.35	7.94	-11.14
2019	10.78	6.77	5.17	1.05	1.49	-13.54	0.03
2020	6.72	6.55	6.46	-2.82	-2.72	-4.49	-2.52
2021	14.08	11.44	13.29	25.37	25.11	59.22	0.54
2022	7.49	6.93	7.30	7.14	8.56	-0.15	-1.50

资料来源：根据中国统计年鉴 2019—2023 数据计算。

从表 3-3 可知，2018—2022 年，国有及国有控股工业企业资产负债率相对稳定，且处于比较合理的水平。净资产报酬率有所波动，2021 年达到最高点。毛利率相对比较稳定，2022 年略有下降。人均利润先降后升，2022 年为最高水平。

表 3-3　国有及国有控股工业企业主要效益指标

年度	资产负债率 /%	净资产报酬率 /%	毛利率 /%	人均利润 /（万元 / 人）
2018	58.70	10.23	18.49	13.10
2019	57.83	8.11	18.14	11.33
2020	57.77	7.26	18.06	11.10
2021	57.97	10.29	18.23	17.58
2022	58.17	9.65	17.15	17.82

资料来源：中国统计年鉴 2019—2023。

3.2　国有及国有控股印刷企业指标分析

从表 3-4 可知，截至 2022 年底，共有国有及国有控股印刷企业 299 家，资产总计 1169.4 亿元，负债合计 344.9 亿元，营业收入 615.8 亿元，利润总额 42.1 亿元，平均用工 7.4 万人。

表 3-4　国有及国有控股印刷企业主要经济指标

年度	企业单位数/个	资产总计/亿元	负债合计/亿元	营业收入/亿元	营业成本/亿元	利润总额/亿元	平均用工人数/万人
2018	284	766.5	239.9	581.3	441.7	65.8	8.0
2019	278	807.2	261.3	598.2	460.8	58.8	7.5
2020	276	939.9	268.4	572.6	447.7	51.7	7.4
2021	291	1033.5	319.4	630.9	492.5	52.7	7.5
2022	299	1169.4	344.9	615.8	483.3	42.1	7.4

资料来源：中国统计年鉴 2019—2023。

从表 3-5 可知，2019 年、2020 年国有及国有控股印刷企业的企业单位数增长率为负数，其余年度均为正数。2018—2022 年，资产总计增长率均为正数，负债合计增长率除 2018 年为负数外其余年度均为正数。营业收入增长率、营业成本增长率 2020 年、2022 年为负数，其余年度为正数。利润总额增长率、平均用工人数增长率多数年度为负数。

表 3-5　国有及国有控股印刷企业主要经济指标增长率　　　　单位：%

年度	企业单位数增长率	资产总计增长率	负债合计增长率	营业收入增长率	营业成本增长率	利润总额增长率	平均用工人数增长率
2018	0.35	1.34	−1.27	11.49	8.87	40.03	−4.65
2019	−2.11	5.31	8.92	2.91	4.32	−10.64	−6.25
2020	−0.72	16.44	2.72	−4.28	−2.84	−12.07	−1.33
2021	5.43	9.96	19.00	10.18	10.01	1.93	1.35
2022	2.75	13.15	7.98	−2.39	−1.87	−20.11	−1.33

资料来源：根据中国统计年鉴 2019—2023 数据计算。

从表 3-6 可知，2018—2022 年，国有及国有控股印刷企业资产负债率水平较低，净资产报酬率逐年下降，毛利率在 20% 以上有所波动，人均利润整体呈下降趋势。

表 3-6　国有及国有控股印刷企业主要效益指标

年度	资产负债率/%	净资产报酬率/%	毛利率/%	人均利润/（万元/人）
2018	31.30	12.50	24.02	8.23
2019	32.37	10.77	22.97	7.84
2020	28.56	7.70	21.81	6.99
2021	30.90	7.38	28.10	7.03
2022	29.49	5.11	27.42	5.69

资料来源：中国统计年鉴2019—2023。

3.3　国有及国有控股工业企业与印刷企业的指标比较分析

从表3-7可知，2018—2022年，国有及国有控股印刷企业的企业单位数占国有及国有控股工业企业的企业单位数比重逐年下降。资产总计、负债合计所占比重变化不大，营业收入、营业成本、利润总额所占比重整体呈下降趋势。平均用工人数所占比重基本稳定。

表 3-7　国有及国有控股印刷企业主要经济指标占工业企业的比重　单位：%

年度	企业单位数百分比	资产总计百分比	负债合计百分比	营业收入百分比	营业成本百分比	利润总额百分比	平均用工人数百分比
2018	1.52	0.17	0.09	0.20	0.19	0.35	0.56
2019	1.34	0.17	0.10	0.21	0.20	0.37	0.53
2020	1.25	0.19	0.09	0.20	0.20	0.34	0.54
2021	1.16	0.18	0.10	0.18	0.17	0.22	0.54
2022	1.10	0.19	0.10	0.16	0.16	0.17	0.54

资料来源：根据中国统计年鉴2019—2023数据计算。

从表3-8可知，国有及国有控股印刷企业的企业单位数增长率除2018年外均低于国有及国有控股工业企业；资产总计增长率2019年、2021年低于国有及国有控股工业企业，其余年度高于国有及国有控股工业企业；负债合计增长率除 2020 年外均高于国有及国有控股工业企业；营业收入增长率、营业成本增长率、利润总额增长率 2020—2022 年均低于国有及国有控股工业企业；平均用工人数增长率除 2019 年外均高于国有及国有控股工业企业。

表 3-8　国有及国有控股印刷企业主要经济指标增长率之差　　单位：%

年度	企业单位数增长率	资产总计增长率	负债合计增长率	营业收入增长率	营业成本增长率	利润总额增长率	平均用工人数增长率
2018	2.20	1.28	1.68	4.20	1.52	32.09	6.49
2019	-12.89	-1.46	3.75	1.86	2.84	2.90	-6.28
2020	-7.44	9.89	-3.74	-1.46	-0.12	-7.58	1.18
2021	-8.65	-1.48	5.71	-15.19	-15.10	-57.29	0.81
2022	-4.74	6.22	0.68	-9.53	-10.43	-19.96	0.17

资料来源：根据中国统计年鉴 2019—2023 数据计算。

从表 3-9 可知，2018—2022 年，国有及国有控股印刷企业资产负债率均低于国有及国有控股工业企业。净资产报酬率前三年高于国有及国有控股工业企业，后两年低于国有及国有控股工业企业。国有及国有控股印刷企业的毛利率高于国有及国有控股工业企业，人均利润低于国有及国有控股工业企业。

表 3-9　国有及国有控股印刷企业主要经济效益指标之差

年度	资产负债率之差 /%	净资产报酬率之差 /%	毛利率之差 /%	人均利润之差 /（万元 / 人）
2018	-27.41	2.27	5.52	-4.88
2019	-25.46	2.66	4.83	-3.49
2020	-29.22	0.44	3.75	-4.11
2021	-27.07	-2.91	9.87	-10.55
2022	-28.68	-4.54	10.27	-12.13

资料来源：根据中国统计年鉴 2019—2023 数据计算。

第4章 私营印刷企业发展情况

4.1 私营工业企业指标分析

从表4-1可知，截至2022年底，共有私营工业企业349269家，资产总计446756.6亿元，负债合计266324.9亿元，营业收入487258.5亿元，利润总额25945.8亿元，平均用工3698.2万人。

表4-1 私营工业企业主要经济指标

年度	企业单位数/个	资产总计/亿元	负债合计/亿元	营业收入/亿元	营业成本/亿元	利润总额/亿元	平均用工人数/万人
2018	220628	239288.8	134884.7	311970.0	269614.6	17137.0	2840.7
2019	243640	282829.6	162348.9	361133.2	307940.3	20650.8	3245.4
2020	286430	345022.8	198275.5	413564.0	351705.6	23800.5	3574.4
2021	325752	409303.1	236427.1	517444.3	439256.1	31774.1	3824.0
2022	349269	446756.6	266324.9	487258.5	416289.6	25945.8	3698.2

资料来源：中国统计年鉴2019—2023。

从表4-2可知，2018—2022年，私营工业企业的企业单位数增长率均为正数。资产总计增长率除2018年外均为正数，负债合计增长率均为正数。

营业收入增长率、营业成本增长率、利润总额增长率、平均用工人数增长率2018年和2022年为负数，2019—2021年均为正数。

表4-2 私营工业企业主要经济指标增长率　　　　　　　　单位：%

年度	企业单位数增长率	资产总计增长率	负债合计增长率	营业收入增长率	营业成本增长率	利润总额增长率	平均用工人数增长率
2018	2.55	-1.38	5.70	-18.13	-18.20	-25.63	-12.05
2019	10.43	18.20	20.36	15.76	14.21	20.50	14.25
2020	17.56	21.99	22.13	14.52	14.21	15.25	10.14
2021	13.73	18.63	19.24	25.12	24.89	33.50	6.98
2022	7.22	9.15	12.65	-5.83	-5.23	-18.34	-3.29

资料来源：根据中国统计年鉴2019—2023数据计算。

从表4-3可知，2018—2022年，私营工业企业资产负债率逐年上升，但仍处于比较合理的水平。净资产报酬率、毛利率、人均利润有所波动。

表4-3 私营工业企业主要经济效益指标

年度	资产负债率/%	净资产报酬率/%	毛利率/%	人均利润/（万元/人）
2018	56.37	16.41	13.58	6.03
2019	57.40	17.14	14.73	6.36
2020	57.47	16.22	14.96	6.66
2021	57.76	18.38	15.11	8.31
2022	59.61	14.38	14.56	7.02

资料来源：中国统计年鉴2019—2023。

4.2 私营印刷企业指标分析

从表4-4可知，2018—2022年，私营印刷企业的企业单位数逐年增加，资产总计、负债合计逐年上升，营业收入、营业成本、利润总额、平均用工人数先升后降。2022年，私营印刷企业共5480家，实现营业收入4424.5亿元，利润总额223.2亿元，平均用工51.2万人。

表 4-4　私营印刷企业主要经济指标

年度	企业单位数/个	资产总计/亿元	负债合计/亿元	营业收入/亿元	营业成本/亿元	利润总额/亿元	平均用工人数/万人
2018	3423	2106.7	1130.1	3136.9	2711.9	159.2	36.3
2019	3830	2508.4	1365.1	3797.2	3210.4	215.7	44.1
2020	4453	3005.4	1626.2	4232.7	3572.1	255.3	55.7
2021	5150	3565.6	1938.8	5097.5	4295.9	301.6	53.3
2022	5480	3690.8	2086.9	4424.5	3741.4	223.2	51.2

资料来源：中国统计年鉴2019—2023。

从表4-5可知，2018—2022年，私营印刷企业的企业单位数增长率均为正数。资产总计增长率除2018年外均为正数，负债合计增长率均为正数。营业收入增长率、营业成本增长率、利润总额增长率2018年和2022年为负数，2019—2021年均为正数。平均用工人数增长率2019—2020年为正数，其余年度为负数。

表 4-5　私营印刷企业主要经济指标增长率　　　　　单位：%

年度	企业单位数增长率	资产总计增长率	负债合计增长率	营业收入增长率	营业成本增长率	利润总额增长率	平均用工人数增长率
2018	2.76	−5.29	3.11	−22.08	−21.51	−35.36	−12.06
2019	11.89	19.07	20.79	21.05	18.38	35.49	21.49
2020	16.27	19.81	19.13	11.47	11.27	18.36	26.30
2021	15.65	18.64	19.22	20.43	20.26	18.14	−4.31
2022	6.41	3.51	7.64	−13.20	−12.91	−25.99	−3.94

资料来源：根据中国统计年鉴2019—2023数据计算。

从表4-6可知，2018—2022年，私营印刷企业资产负债率有所上升，净资产报酬率有所波动。毛利率先升后降，整体比较稳定，人均利润有所波动。

表 4-6　私营印刷企业主要效益指标

年度	资产负债率/%	净资产报酬率/%	毛利率/%	人均利润/（万元/人）
2018	53.64	16.30	13.55	4.39
2019	54.42	18.87	15.45	4.89

（续表）

年度	资产负债率 /%	净资产报酬率 /%	毛利率 /%	人均利润 /（万元 / 人）
2020	54.11	18.51	15.61	4.58
2021	54.38	18.54	15.73	5.66
2022	56.54	13.92	15.44	4.36

资料来源：中国统计年鉴2019—2023。

4.3 私营工业企业与印刷企业的指标比较分析

从表4-7可知，2018—2022年，私营印刷企业的企业单位数占工业企业的企业单位数的比重略有波动。资产总计、负债合计所占比重整体呈下降趋势。营业收入、营业成本、利润总额、平均用工人数所占比重呈先升后降趋势。

表4-7 私营印刷企业主要经济指标占私营工业企业的比重　　单位：%

年度	企业单位数占比	资产总计占比	负债合计占比	营业收入占比	营业成本占比	利润总额占比	平均用工人数占比
2018	1.55	0.88	0.84	1.01	1.01	0.93	1.28
2019	1.57	0.89	0.84	1.05	1.04	1.04	1.36
2020	1.55	0.87	0.82	1.02	1.02	1.07	1.56
2021	1.58	0.87	0.82	0.99	0.98	0.95	1.39
2022	1.57	0.83	0.78	0.91	0.90	0.86	1.38

资料来源：根据中国统计年鉴2019—2023数据计算。

从表4-8可知，私营印刷企业的企业单位数增长率2020年、2022年低于私营工业企业，其余年度高于私营工业企业。资产总计增长率2019年、2021年高于私营工业企业，其余年度低于私营工业企业。负债合计增长率、营业收入增长率、营业成本增长率除2019年外均低于私营工业企业。利润总额增长率、平均用工人数增长率2019—2020年高于私营工业企业，其余年度低于私营工业企业。

表4-8　私营印刷企业主要经济指标增长率之差　　　　单位：%

年度	企业单位数增长率	资产总计增长率	负债合计增长率	营业收入增长率	营业成本增长率	利润总额增长率	平均用工人数增长率
2018	0.21	-3.91	-2.59	-3.95	-3.31	-9.73	-0.01
2019	1.46	0.87	0.43	5.29	4.17	14.99	7.24
2020	-1.30	-2.18	-3.00	-3.05	-2.95	3.11	16.17
2021	1.92	0.01	-0.02	-4.69	-4.63	-15.37	-11.29
2022	-0.81	-5.64	-5.01	-7.37	-7.68	-7.65	-0.65

资料来源：根据中国统计年鉴2019—2023数据计算。

从表4-9可知，2018—2022年，私营印刷企业资产负债率、人均利润均低于私营工业企业。净资产报酬率除2018年、2022年外，其余年度均高于私营工业企业。毛利率除2018年外，其余年度均高于私营工业企业。

表4-9　私营印刷企业主要经济效益指标之差

年度	资产负债率之差/%	净资产报酬率之差/%	毛利率之差/%	人均利润之差/（万元/人）
2018	-2.73	-0.11	-0.03	-1.65
2019	-2.98	1.73	0.72	-1.47
2020	-3.36	2.29	0.65	-2.08
2021	-3.38	0.16	0.62	-2.65
2022	-3.07	-0.46	0.88	-2.66

资料来源：根据中国统计年鉴2019—2023数据计算。

第 5 章 外商投资和港澳台商投资印刷企业发展情况

5.1 外商投资和港澳台商投资工业企业指标分析

从表 5-1 可知，2018—2022 年，外商投资和港澳台商投资工业企业的企业单位数略有下降；资产总计、负债合计逐年增加；营业收入、营业成本、利润总额有所波动；平均用工人数逐年下降。截至 2022 年底，外商投资和港澳台商投资工业企业共 43260 家，资产总计 292953.6 亿元，负债合计 156831.6 亿元，实现营业收入 277775.5 亿元，利润总额 19700.9 亿元，平均用工 1580.6 万人。

表 5-1　外商投资和港澳台商投资工业企业主要经济指标

年度	企业单位数 / 个	资产总计 / 亿元	负债合计 / 亿元	营业收入 / 亿元	营业成本 / 亿元	利润总额 / 亿元	平均用工人数 / 万人
2018	44624	219165.4	118559.0	236958.7	198405.2	16943.5	1856.9
2019	43588	228743.9	123011.5	234409.8	195620.0	16483.0	1748.3
2020	43026	248426.9	133713.8	243188.6	202461.0	18167.4	1672.0
2021	43455	279178.6	148646.1	282716.2	235850.3	22795.8	1668.0
2022	43260	292953.6	156831.6	277775.5	234458.5	19700.9	1580.6

资料来源：中国统计年鉴 2019—2023。

从表 5-2 可知，2018—2022 年，外商投资和港澳台商投资工业企业的企业单位数增长率除 2021 年外均为负数。资产总计、负债合计增长率均为正数。营业收入增长率、营业成本增长率、利润总额增长率 2020—2021 年为正数，其余年度为负数。平均用工人数增长率均为负数。

表 5-2　外商投资和港澳台商投资工业企业主要经济指标增长率　单位：%

年度	企业单位数增长率	资产总计增长率	负债合计增长率	营业收入增长率	营业成本增长率	利润总额增长率	平均用工人数增长率
2018	-5.97	1.47	1.61	-4.31	-4.72	-7.98	-9.52
2019	-2.32	4.37	3.76	-1.08	-1.40	-2.72	-5.85
2020	-1.29	8.60	8.70	3.75	3.50	10.22	-4.36
2021	1.00	12.38	11.17	16.25	16.49	25.48	-0.24
2022	-0.45	4.93	5.51	-1.75	-0.59	-13.58	-5.24

资料来源：根据中国统计年鉴 2019—2023 数据计算。

从表 5-3 可知，2018—2022 年，外商投资和港澳台商投资工业企业资产负债率变化不大，整体处于比较合理的水平。净资产报酬率有所波动，毛利率和人均利润则是先升后降。

表 5-3　外商投资和港澳台商投资工业企业主要经济效益指标

年度	资产负债率/%	净资产报酬率/%	毛利率/%	人均利润/（万元/人）
2018	54.10	16.84	16.27	9.12
2019	53.78	15.59	16.55	9.43
2020	53.82	15.84	16.75	10.87
2021	53.24	17.46	16.58	13.67
2022	53.53	14.47	15.59	12.46

资料来源：中国统计年鉴 2019—2023。

5.2　外商投资和港澳台商投资印刷企业指标分析

从表 5-4 可知，截至 2022 年底，外商投资和港澳台商投资印刷企业共

547家，资产总计1546.1亿元，负债合计556.7亿元，实现营业收入1154.2亿元，利润总额107.1亿元，平均用工15.7万人。

表5-4　外商投资和港澳台商投资印刷企业主要经济指标

年度	企业单位数/个	资产总计/亿元	负债合计/亿元	营业收入/亿元	营业成本/亿元	利润总额/亿元	平均用工人数/万人
2018	588	1319.9	522.5	1143.1	919.5	90.4	19.4
2019	531	1284.4	507.4	1100.1	876.2	91.2	18.0
2020	535	1376.8	535.3	1021.0	812.7	78.1	16.7
2021	559	1504.1	556.1	1192.0	965.1	90.8	17.1
2022	547	1546.1	556.7	1154.2	939.2	107.1	15.7

资料来源：中国统计年鉴2019—2023。

从表5-5可知，外商投资和港澳台商投资印刷企业的企业单位数增长率2020—2021年为正数，其余年度均为负数。资产总计增长率、负债合计增长率除2019年为负数外，其余年度均为正数。营业收入增长率2018年、2021年为正数，其余年度均为负数。营业成本增长率、平均用工人数增长率2021年为正数，其余年度均为负数。利润总额增长率2018年、2020年为负数，其余年度均为正数。

表5-5　外商投资和港澳台商投资印刷企业主要经济指标增长率　　单位：%

年度	企业单位数增长率	资产总计增长率	负债合计增长率	营业收入增长率	营业成本增长率	利润总额增长率	平均用工人数增长率
2018	-0.17	5.16	0.80	0.16	-0.39	-4.16	-6.51
2019	-9.69	-2.69	-2.89	-3.76	-4.71	0.88	-7.22
2020	0.75	7.19	5.50	-7.19	-7.25	-14.36	-7.22
2021	4.49	9.25	3.89	16.75	18.75	16.26	2.40
2022	-2.15	2.79	0.11	-3.17	-2.68	17.95	-8.19

资料来源：根据中国统计年鉴2019—2023数据计算。

从表5-6可知，2018—2022年，外商投资和港澳台商投资印刷企业资产负债率呈下降趋势。净资产报酬率有所波动，毛利率呈先升后降趋势，人均利润总体上有所增加。

表 5-6　外商投资和港澳台商投资印刷企业主要效益指标

年度	资产负债率/%	净资产报酬率/%	毛利率/%	人均利润/（万元/人）
2018	39.59	11.34	19.56	4.66
2019	39.50	11.74	20.35	5.07
2020	38.88	9.28	20.40	4.68
2021	36.97	9.58	19.04	5.31
2022	36.01	10.82	18.63	6.82

资料来源：中国统计年鉴2019—2023。

5.3　外商投资和港澳台商投资工业企业与印刷企业的指标比较分析

从表 5-7 可知，2018—2022 年，外商投资和港澳台商投资印刷企业的企业单位数比重有所波动，资产总计、负债合计、营业收入、营业成本比重整体呈下降趋势，利润总额比重有所波动，平均用工人数比重基本稳定。

表 5-7　外商投资和港澳台商投资印刷企业主要经济指标占外商投资工业企业的比重

单位：%

年度	企业单位数占比	资产总计占比	负债合计占比	营业收入占比	营业成本占比	利润总额占比	平均用工人数占比
2018	1.23	0.60	0.44	0.48	0.46	0.53	1.04
2019	1.22	0.56	0.41	0.47	0.45	0.55	1.03
2020	1.24	0.55	0.40	0.42	0.40	0.43	1.00
2021	1.29	0.54	0.37	0.42	0.41	0.40	1.03
2022	1.26	0.53	0.35	0.42	0.40	0.54	0.99

资料来源：根据中国统计年鉴2019—2023数据计算。

从表 5-8 可知，外商投资和港澳台商投资印刷企业的企业单位数增长率 2019 年、2022 年低于外商投资和港澳台商投资工业企业，其余年度高于工业企业。资产总计增长率除 2018 年外均低于工业企业，负债合计增长率均低于工业企业。营业收入增长率、营业成本增长率、平均用工人数增长率2018年、2021年高于工业企业，其余年度均低于工业企业。利润总额增长率2020—2021年低于工业企业，其余年度高于工业企业。

表 5-8　外商投资和港澳台商投资印刷企业主要经济指标增长率之差　单位：%

年度	企业单位数增长率	资产总计增长率	负债合计增长率	营业收入增长率	营业成本增长率	利润总额增长率	平均用工人数增长率
2018	5.80	3.70	-0.81	4.47	4.34	3.82	3.02
2019	-7.37	-7.06	-6.65	-2.69	-3.31	3.60	-1.37
2020	2.04	-1.41	-3.20	-10.94	-10.74	-24.58	-2.86
2021	3.49	-3.13	-7.28	0.49	2.26	-9.22	2.63
2022	-1.70	-2.14	-5.40	-1.42	-2.09	31.53	-2.95

资料来源：根据中国统计年鉴2019—2023数据计算。

从表5-9可知，2018—2022年，外商投资和港澳台商投资印刷企业资产负债率、净资产报酬率、人均利润均低于外商投资和港澳台商投资工业企业，毛利率高于外商投资和港澳台商投资工业企业。

表 5-9　外商投资和港澳台商投资印刷企业主要经济效益指标之差

年度	资产负债率之差 /%	净资产报酬率之差 /%	毛利率之差 /%	人均利润之差 /（万元/人）
2018	-14.51	-5.50	3.29	-4.46
2019	-14.27	-3.85	3.80	-4.36
2020	-14.94	-6.56	3.65	-6.19
2021	-16.27	-7.89	2.46	-8.36
2022	-17.53	-3.65	3.03	-5.64

资料来源：根据中国统计年鉴2019—2023数据计算。

第6章 大中型印刷企业发展情况

6.1 大中型工业企业指标分析

从表6-1可知，截至2022年底，全国共有大中型工业企业45061家，资产总计1075852.4亿元，负债合计602627.4亿元，营业收入865859.5亿元，利润总额59996.0亿元，平均用工4360.3万人。

表6-1 大中型工业企业主要经济指标

年度	企业单位数/个	资产总计/亿元	负债合计/亿元	营业收入/亿元	营业成本/亿元	利润总额/亿元	平均用工人数/万人
2018	51073	805653.3	463975.9	702409.1	578893.4	50370.7	5138.2
2019	48184	840682.6	469324.8	691560.6	570797.2	46023.0	4732.8
2020	47045	897779.2	498299.2	695028.4	573691.0	47198.6	4582.6
2021	47427	995876.2	550415.9	839140.1	690060.8	66715.0	4611.1
2022	45061	1075852.4	602627.4	865859.5	723033.5	59996.0	4360.3

资料来源：中国统计年鉴2019—2023。

从表6-2可知，2018—2022年，大中型工业企业资产总计增长率、负债合计增长率均为正数。企业单位数增长率除2021年外均为负数。营业收入增长率、营业成本增长率2020—2022年为正数，其余年度为负数。利润总额增长率 2020—2021 年为正数，其余年度均为负数。平均用工人数增长率除 2021 年外均为负数。

表 6-2　大中型工业企业主要经济指标增长率　　　单位：%

年度	企业单位数增长率	资产总计增长率	负债合计增长率	营业收入增长率	营业成本增长率	利润总额增长率	平均用工人数增长率
2018	−13.22	0.99	2.74	−2.63	−3.64	−1.93	−9.30
2019	−5.66	4.35	1.15	−1.54	−1.40	−8.63	−7.89
2020	−2.36	6.79	6.17	0.50	0.51	2.55	−3.17
2021	0.81	10.93	10.46	20.73	20.28	41.35	0.62
2022	−4.99	8.03	9.49	3.18	4.78	−10.07	−5.44

资料来源：根据中国统计年鉴 2019—2023 数据计算。

从表 6-3 可知，2018—2022 年，大中型工业企业资产负债率基本稳定，净资产报酬率有所波动，毛利率基本稳定，人均利润整体有所增长。

表 6-3　大中型工业企业主要经济效益指标

年度	资产负债率 /%	净资产报酬率 /%	毛利率 /%	人均利润 /（万元 / 人）
2018	57.59	14.74	17.58	9.80
2019	55.83	12.39	17.46	9.72
2020	55.50	11.82	17.46	10.30
2021	55.27	14.98	17.77	14.47
2022	56.01	12.68	16.50	13.76

资料来源：中国统计年鉴 2019—2023。

6.2　大中型印刷企业指标分析

从表 6-4 可知，截至 2022 年底，我国共有大中型印刷企业 504 家，资产总计 3048.3 亿元，负债合计 1196.2 亿元，营业收入 2526.3 亿元，利润总额 201.7 亿元，平均用工 30.6 万人。

表6-4 大中型印刷企业主要经济指标

年度	企业单位数/个	资产总计/亿元	负债合计/亿元	营业收入/亿元	营业成本/亿元	利润总额/亿元	平均用工人数/万人
2018	688	2603.4	975.6	2409.0	1931.5	217.9	37.9
2019	551	2585.1	1009.8	2549.9	2022.9	230.6	35.9
2020	532	2826.7	1078.8	2442.5	1935.0	223.6	33.7
2021	560	2916.4	1176.1	2813.3	2265.1	230.7	34.6
2022	504	3048.3	1196.2	2526.3	2046.4	201.7	30.6

资料来源：中国统计年鉴2019—2023。

从表6-5可知，2018—2019年，大中型印刷企业资产总计增长率为负数；2020—2022年，资产总计增长率为正数。企业单位数增长率除2021年外均为负数。负债合计增长率除2018年外均为正数。营业收入增长率、营业成本增长率、利润总额增长率2019年、2021年为正数，其余年度均为负数。平均用工人数增长率除2021年外均为负数。

表6-5 大中型印刷企业主要经济指标增长率　　　　　　　　　单位：%

年度	企业单位数增长率	资产总计增长率	负债合计增长率	营业收入增长率	营业成本增长率	利润总额增长率	平均用工人数增长率
2018	-0.29	-0.65	-0.11	-14.35	-16.23	-9.03	-13.57
2019	-19.91	-0.70	3.51	5.85	4.73	5.83	-5.28
2020	-3.45	9.35	6.83	-4.21	-4.35	-3.04	-6.13
2021	5.26	3.17	9.02	15.18	17.06	3.18	2.67
2022	-10.00	4.52	1.71	-10.20	-9.66	-12.57	-11.56

资料来源：根据中国统计年鉴2019—2023数据计算。

从表6-6可知，2018—2022年，大中型印刷企业资产负债率、净资产报酬率有所波动，毛利率基本稳定，人均利润整体上略有提高。

表6-6 大中型印刷企业主要效益指标

年度	资产负债率/%	净资产报酬率/%	毛利率/%	人均利润/（万元/人）
2018	37.47	13.39	19.82	5.75
2019	39.06	14.64	20.67	6.42

（续表）

年度	资产负债率/%	净资产报酬率/%	毛利率/%	人均利润/（万元/人）
2020	38.16	12.79	20.78	6.64
2021	40.33	13.26	19.49	6.67
2022	39.24	10.89	19.00	6.59

资料来源：中国统计年鉴2019—2023。

6.3 大中型工业企业与印刷企业的指标比较分析

从表6-7可知，2018—2022年，大中型印刷企业的企业单位数占大中型工业企业的比重有所波动，负债合计所占比重基本稳定。资产总计、营业收入、营业成本、利润总额、平均用工人数从整体上看呈下降趋势。

表6-7　大中型印刷企业主要经济指标占大中型工业企业的比重　单位：%

年度	企业单位数百分比	资产总计百分比	负债合计百分比	营业收入百分比	营业成本百分比	利润总额百分比	平均用工人数百分比
2018	1.17	0.32	0.21	0.35	0.33	0.46	0.76
2019	1.14	0.31	0.22	0.37	0.35	0.50	0.76
2020	1.13	0.31	0.22	0.35	0.34	0.47	0.74
2021	1.18	0.29	0.21	0.34	0.33	0.35	0.75
2022	1.12	0.28	0.20	0.29	0.28	0.34	0.70

资料来源：根据中国统计年鉴2019—2023数据计算。

从表6-8可知，大中型印刷企业的企业单位数增长率2018年、2021年高于大中型工业企业，其余年度均低于大中型工业企业。资产总计增长率除2020年外均低于大中型工业企业，负债合计增长率2019年、2020年高于大中型工业企业，其余年度低于大中型工业企业。营业收入增长率、营业成本增长率、利润总额增长率除2019年外均低于大中型工业企业。平均用工人数增长率2019年、2021年高于大中型工业企业，其余年度均低于大中型工业企业。

表6-8 大中型印刷企业主要经济指标增长率之差　　　　　　　　　　　单位：%

年度	企业单位数增长率	资产总计增长率	负债合计增长率	营业收入增长率	营业成本增长率	利润总额增长率	平均用工人数增长率
2018	12.93	-1.64	-2.85	-11.73	-12.59	-7.10	-4.27
2019	-14.26	-5.05	2.35	7.39	6.13	14.46	2.61
2020	-1.08	2.55	0.66	-4.71	-4.85	-5.59	-2.95
2021	4.45	-7.75	-1.44	-5.55	-3.22	-38.17	2.05
2022	-5.01	-3.51	-7.78	-13.39	-14.43	-2.50	-6.12

资料来源：根据中国统计年鉴2019—2023数据计算。

从表6-9可知，2018—2022年，大中型印刷企业资产负债率、人均利润低于大中型工业企业。毛利率高于大中型工业企业。净资产报酬率2019—2020年高于大中型工业企业，其余年度均低于大中型工业企业。

表6-9　大中型印刷企业主要经济效益指标之差

年度	资产负债率之差/%	净资产报酬率之差/%	毛利率之差/%	人均利润之差/（万元/人）
2018	-20.12	-1.36	2.24	-4.05
2019	-16.76	2.25	3.21	-3.30
2020	-17.34	0.98	3.32	-3.66
2021	-14.94	-1.72	1.72	-7.80
2022	-16.77	-1.79	2.50	-7.17

资料来源：根据中国统计年鉴2019—2023数据计算。

第二部分
专题报告——规模以上印刷企业运行状况分析

第 7 章 规模以上印刷企业整体运行状况分析

7.1 工业生产者价格指数变化分析

工业生产者价格指数（Producer Price Index，PPI），是工业生产产品出厂价格和购进价格在某个时期内变动的相对数，反映全部工业生产者出厂和购进价格的变化趋势和变动幅度。从表 7-1 可知，2022 年 2—9 月工业生产者出厂价格指数高于 100，2022 年 10 月至 2023 年 12 月均低于 100，印刷业和记录媒介的复制工业（以下简称"印刷业"）生产者出厂价格指数 2022 年 2—12 月高于 100，2023 年 1—12 月低于 100。相对工业生产者出厂价格指数，印刷业生产者出厂价格指数变动较小，如图 7-1 所示。

表 7-1 生产者出厂价格指数

时间	工业生产者出厂价格指数 （上年同月 =100）	印刷业生产者出厂价格指数 （上年同月 =100）
2022 年 2 月	108.8	101.7
2022 年 3 月	108.3	101.5

（续表）

时间	工业生产者出厂价格指数 （上年同月=100）	印刷业生产者出厂价格指数 （上年同月=100）
2022 年 4 月	108.0	101.4
2022 年 5 月	106.4	100.7
2022 年 6 月	106.1	100.9
2022 年 7 月	104.2	100.9
2022 年 8 月	102.3	100.8
2022 年 9 月	100.9	100.8
2022 年 10 月	98.7	100.8
2022 年 11 月	98.7	100.3
2022 年 12 月	99.3	100.1
2023 年 1 月	99.2	99.7
2023 年 2 月	98.6	99.5
2023 年 3 月	97.5	99.5
2023 年 4 月	96.4	99.3
2023 年 5 月	95.4	99.7
2023 年 6 月	94.6	99.7
2023 年 7 月	95.6	99.2
2023 年 8 月	97.0	99.4
2023 年 9 月	97.5	99.6
2023 年 10 月	97.4	99.3
2023 年 11 月	97.0	99.3
2023 年 12 月	97.3	99.2

资料来源：国家统计局网站。

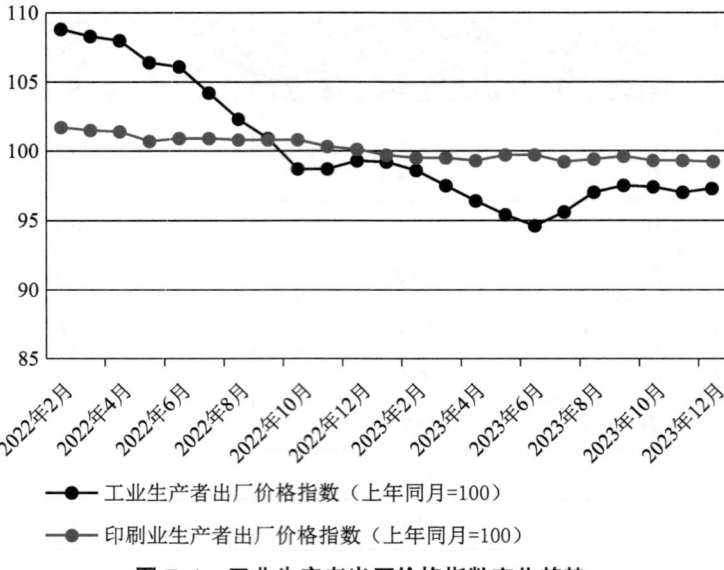

图 7-1 工业生产者出厂价格指数变化趋势

7.2 工业增加值及增长率

从表 7-2 可知，2022 年 3 月至 2023 年 12 月，工业增加值同比增长率除 2022 年 4 月外均为正数，2023 年 12 月最高，达 6.8%，工业增加值累计增长率均为正数，2023 年起逐步提高。工业增加值增长率变化趋势如图 7-2 所示。

表 7-2　工业增加值及增长率　　　　　　　　　单位：%

时间	工业增加值 - 同比增长	工业增加值 - 累计增长
2022 年 3 月	5.0	6.5
2022 年 4 月	-2.9	4.0
2022 年 5 月	0.7	3.3
2022 年 6 月	3.9	3.4
2022 年 7 月	3.8	3.5
2022 年 8 月	4.2	3.6
2022 年 9 月	6.3	3.9

（续表）

时间	工业增加值-同比增长	工业增加值-累计增长
2022年10月	5.0	4.0
2022年11月	2.2	3.8
2022年12月	1.3	3.6
2023年3月	3.9	3.0
2023年4月	5.6	3.6
2023年5月	3.5	3.6
2023年6月	4.4	3.8
2023年7月	3.7	3.8
2023年8月	4.5	3.9
2023年9月	4.5	4.0
2023年10月	4.6	4.1
2023年11月	6.6	4.3
2023年12月	6.8	4.6

资料来源：国家统计局网站。国家统计局公布数据中2023年1月和2023年2月数据缺失。

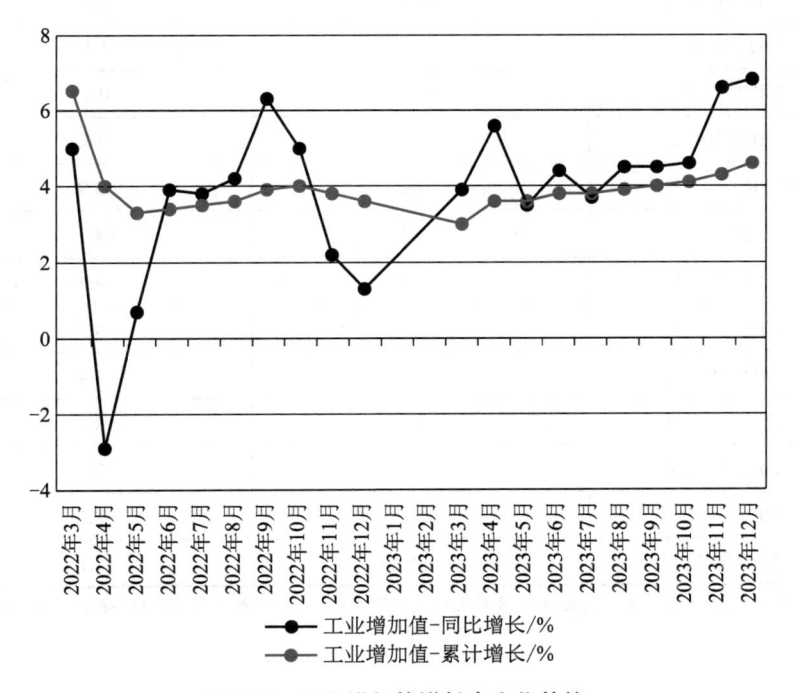

图 7-2　工业增加值增长率变化趋势

从表 7-3 可知,印刷业增加值同比增长率有较大波动,从 2023 年 7 月开始逐步回升,2023 年 12 月实现正增长;印刷业增加值累计增长率 2022 年 12 月前为正数且整体下降,2023 年降为负数。印刷业增加值增长率变化趋势如图 7-3 所示。

表 7-3 印刷业增加值及增长率　　　　　　　单位:%

时间	印刷业增加值-同比增长	印刷业增加值-累计增长
2022 年 3 月	3.9	5.3
2022 年 4 月	-2.8	3.0
2022 年 5 月	0.9	2.6
2022 年 6 月	4.3	3.0
2022 年 7 月	0.6	2.5
2022 年 8 月	-0.9	2.1
2022 年 9 月	2.5	2.1
2022 年 10 月	-1.9	1.7
2022 年 11 月	-4.7	1.1
2022 年 12 月	-5.1	0.4
2023 年 3 月	-4.7	-4.2
2023 年 4 月	-3.5	-3.9
2023 年 5 月	-4.7	-4.1
2023 年 6 月	-5.5	-4.4
2023 年 7 月	-5.2	-4.5
2023 年 8 月	-4.5	-4.4
2023 年 9 月	-2.9	-4.2
2023 年 10 月	0.0	-3.9
2023 年 11 月	-1.3	-3.7
2023 年 12 月	0.6	-3.1

资料来源:国家统计局网站。国家统计局公布数据中 2023 年 1 月和 2023 年 2 月数据缺失。

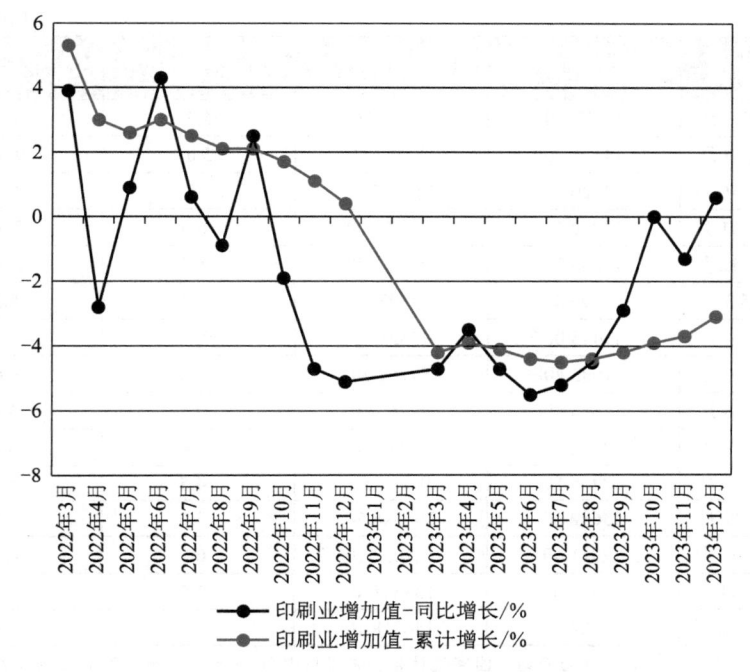

图 7-3　印刷业增加值增长率变化趋势

7.3　工业出口交货值及增长率

从表 7-4 与图 7-4 可知，工业出口交货值同比增长率有较大波动，累计增长率逐渐下降，2023 年 3 月开始由正转负，一直持续到 2023 年 12 月。

表 7-4　工业出口交货值及增长率

时间	工业出口交货值-当期值/亿元	工业出口交货值-累计值/亿元	工业出口交货值-同比增长/%	工业出口交货值-累计增长/%
2022 年 3 月	13310.90	36099.10	10.8	14.4
2022 年 4 月	11441.30	47588.50	-1.9	9.9
2022 年 5 月	12672.90	60293.10	11.1	10.1
2022 年 6 月	14065.60	74332.60	15.1	10.8
2022 年 7 月	12861.80	87101.60	9.8	10.8

（续表）

时间	工业出口交货值-当期值/亿元	工业出口交货值-累计值/亿元	工业出口交货值-同比增长/%	工业出口交货值-累计增长/%
2022年8月	12873.20	99997.00	5.5	10.1
2022年9月	14196.20	114361.70	5.0	9.5
2022年10月	13120.10	127457.90	2.5	8.7
2022年11月	13069.10	140467.00	-6.6	7.0
2022年12月	13648.20	153426.70	-8.4	5.5
2023年3月	12596.00	34193.70	-5.4	-5.3
2023年4月	11413.00	45326.00	0.7	-3.8
2023年5月	11903.40	57182.50	-5.0	-4.0
2023年6月	12585.60	69767.80	-9.5	-4.8
2023年7月	12022.50	82476.60	-6.4	-4.9
2023年8月	12265.50	94871.50	-4.5	-4.6
2023年9月	13682.60	108548.50	-3.6	-4.8
2023年10月	12941.40	121053.10	-0.5	-4.2
2023年11月	12579.60	133645.40	-3.0	-4.1
2023年12月	13104.20	146218.10	-3.2	-3.9

资料来源：国家统计局网站。国家统计局公布数据中2023年1月和2023年2月数据缺失。

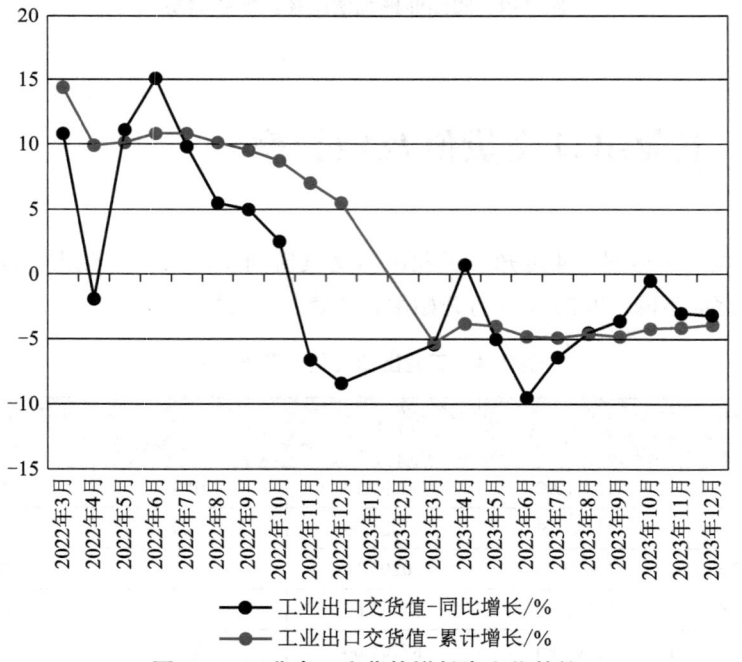

图 7-4 工业出口交货值增长率变化趋势

从表 7-5 与图 7-5 可知，印刷业出口交货值同比增长率有较大波动，2022年 9 月开始由正转负，累计增长率 2023 年 3 月开始由正转负。

表 7-5　印刷业出口交货值及增长率

时间	印刷业出口交货值－当期值/亿元	印刷业出口交货值－累计值/亿元	印刷业出口交货值－同比增长/%	印刷业出口交货值－累计增长/%
2022 年 3 月	44.40	123.90	4.3	10.1
2022 年 4 月	44.30	167.50	1.2	7.6
2022 年 5 月	50.00	218.00	14.4	9.5
2022 年 6 月	55.60	274.10	16.1	11.1
2022 年 7 月	55.20	334.30	8.9	11.0
2022 年 8 月	57.40	391.90	2.8	10.5
2022 年 9 月	54.10	446.00	-4.4	8.3
2022 年 10 月	44.50	490.90	-6.6	6.9
2022 年 11 月	49.40	540.80	-6.1	5.6
2022 年 12 月	48.20	588.70	-16.0	3.5
2023 年 3 月	44.50	116.50	-1.8	-8.1
2023 年 4 月	42.90	159.30	-5.2	-7.0
2023 年 5 月	45.70	205.40	-10.6	-7.9
2023 年 6 月	51.40	256.50	-10.0	-8.7
2023 年 7 月	50.50	315.90	-12.6	-8.1
2023 年 8 月	54.30	369.80	-8.7	-8.4
2023 年 9 月	54.40	424.40	-2.8	-7.7
2023 年 10 月	48.30	472.90	4.0	-6.6
2023 年 11 月	50.10	525.90	-3.7	-5.9
2023 年 12 月	51.00	576.10	1.2	-5.5

资料来源：国家统计局网站。国家统计局公布数据中 2023 年 1 月和 2023 年 2 月数据缺失。

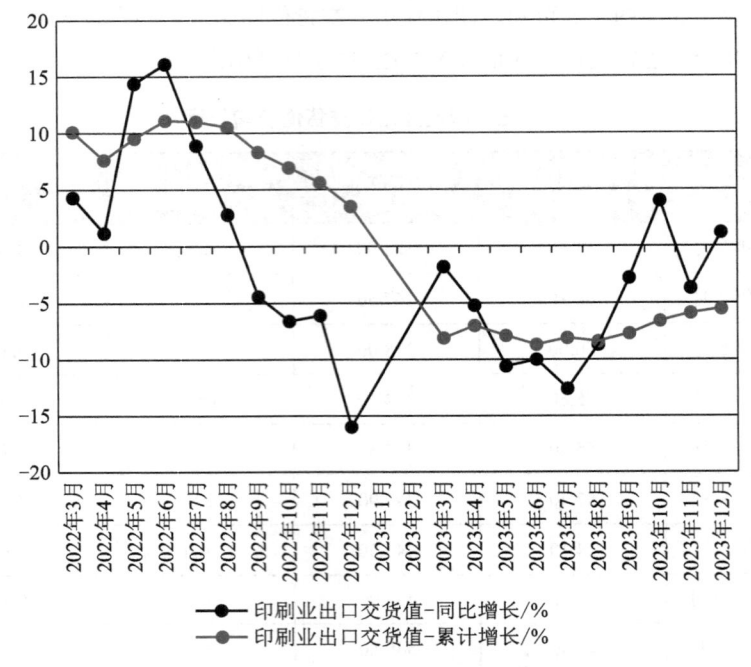

图 7-5　印刷业出口交货值增长率变化趋势

7.4　企业及亏损企业数

从表 7-6 可知，2022 年 2—12 月亏损企业数逐渐减少，但是相比 2021 年，同期的亏损增长率逐渐升高，2023 年 2 月亏损企业数从相对高点逐步减少，相比 2021 年，同期的亏损增长率也逐步下降。亏损企业数增长率变化趋势如图 7-6 所示。

表 7-6　企业及亏损企业数

时间	企业单位数 本月末 / 个	亏损企业数 本月末 / 个	亏损企业数 上年同期 / 个	亏损企业数 增长率 /%
2022 年 2 月	443733	132371	121773	8.7
2022 年 3 月	444035	133617	122015	9.5

第二部分 专题报告——规模以上印刷企业运行状况分析

（续表）

时间	企业单位数 本月末/个	亏损企业数 本月末/个	亏损企业数 上年同期/个	亏损企业数 增长率/%
2022年4月	444392	123551	106949	15.5
2022年5月	444885	117435	100863	16.4
2022年6月	445452	116250	100337	15.9
2022年7月	446200	111552	94819	17.6
2022年8月	446980	109259	91611	19.3
2022年9月	448218	108105	90913	18.9
2022年10月	449422	104359	86651	20.4
2022年11月	451364	99631	80736	23.4
2022年12月	451362	91222	71779	27.1
2023年2月	474812	161892	143114	13.1
2023年3月	475037	163839	145052	13.0
2023年4月	475226	149653	135725	10.3
2023年5月	475532	142682	129744	10.0
2023年6月	476369	141255	128631	9.8
2023年7月	477076	135649	122801	10.5
2023年8月	477844	131463	119577	9.9
2023年9月	478954	128965	118118	9.2
2023年10月	480172	123424	113259	9.0
2023年11月	482932	116764	107570	8.5
2023年12月	482192	103994	98256	5.8

资料来源：国家统计局网站。国家统计局公布数据中2023年1月数据缺失。

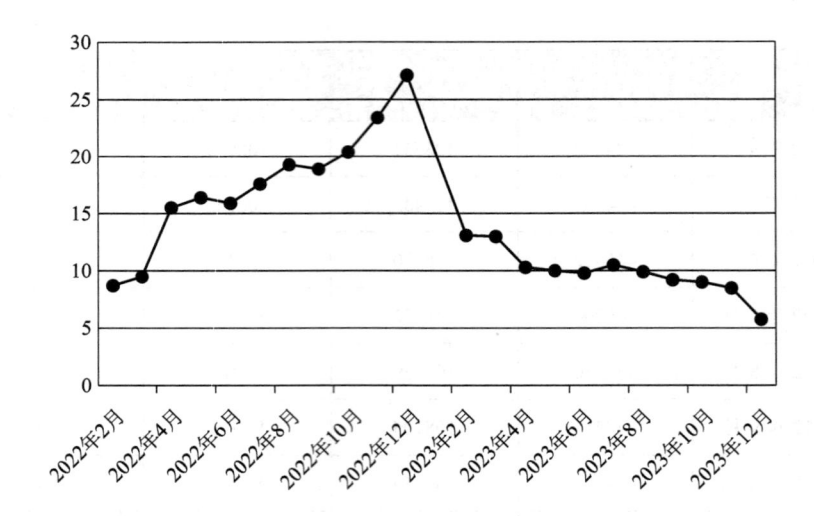

图 7-6　亏损企业数增长率变化趋势

从表 7-7 可知，2022 年 2—12 月，印刷业亏损企业数整体呈减少趋势，但与 2021 年同期亏损企业数相比仍有较大增长，2023 年 2—12 月，印刷业亏损企业数整体呈减少趋势，但与 2021 年同期亏损企业数相比仍有较大增长，增长速度逐渐下降。印刷业亏损企业数增长率变化趋势如图 7-7 所示。

表 7-7　印刷业亏损企业数及增长率

时间	印刷业亏损企业数本月末/个	印刷业亏损企业数上年同期/个	印刷业亏损企业数增长率/%
2022 年 2 月	1886	1733	8.8
2022 年 3 月	1919	1738	10.4
2022 年 4 月	1754	1472	19.2
2022 年 5 月	1672	1402	19.3
2022 年 6 月	1648	1431	15.2
2022 年 7 月	1649	1343	22.8
2022 年 8 月	1623	1297	25.1
2022 年 9 月	1611	1301	23.8
2022 年 10 月	1541	1244	23.9
2022 年 11 月	1459	1101	32.5
2022 年 12 月	1296	974	33.1

（续表）

时间	印刷业亏损企业数本月末/个	印刷业亏损企业数上年同期/个	印刷业亏损企业数增长率/%
2023年2月	2350	1998	17.6
2023年3月	2380	2045	16.4
2023年4月	2165	1867	16.0
2023年5月	2047	1793	14.2
2023年6月	2050	1765	16.1
2023年7月	1953	1722	13.4
2023年8月	1897	1674	13.3
2023年9月	1882	1643	14.5
2023年10月	1789	1562	14.5
2023年11月	1690	1460	15.8
2023年12月	1473	1309	12.5

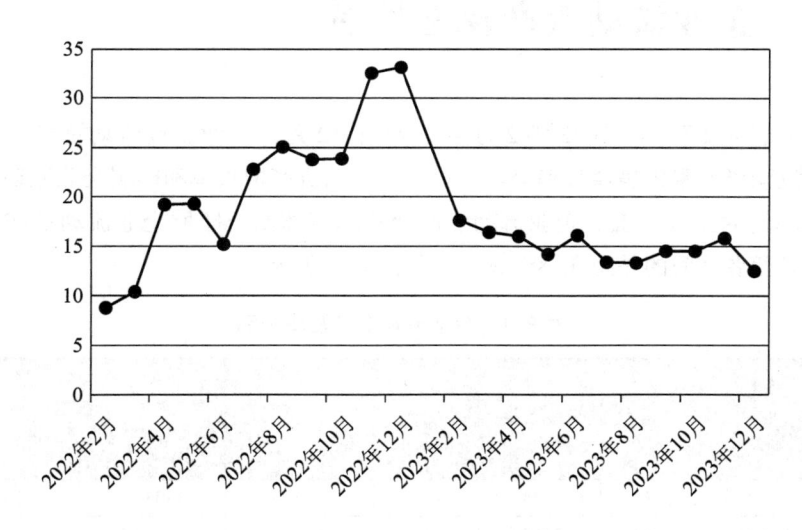

资料来源：国家统计局网站。国家统计局公布数据中2023年1月数据缺失。

图7-7　印刷业亏损企业数增长率变化趋势

第8章 规模以上印刷企业生产经营状况分析

8.1 企业流动资产及增长率

从表 8-1 可知，2022 年 2 月至 2023 年 12 月，工业企业流动资产与印刷企业流动资产整体呈增长趋势。工业企业流动资产增长率和印刷企业流动资产增长率均为正数，工业企业流动资产增长率整体高于印刷企业流动资产增长率，且两者之间的差距在逐渐减小，如图 8-1 所示。

表 8-1　企业流动资产及增长率

时间	工业企业流动资产合计本月末/亿元	工业企业流动资产合计上年同期/亿元	工业企业流动资产合计增长率/%	印刷企业流动资产合计本月末/亿元	印刷企业流动资产合计上年同期/亿元	印刷企业流动资产合计增长率/%
2022 年 2 月	729257.30	640128.70	13.9	3765.80	3593.60	4.8
2022 年 3 月	746149.60	653958.90	14.1	3823.20	3622.00	5.6
2022 年 4 月	755520.30	665544.70	13.5	3850.10	3645.30	5.6
2022 年 5 月	768774.10	677179.30	13.5	3922.80	3736.40	5.0
2022 年 6 月	774147.20	684066.80	13.2	3979.00	3784.20	5.1
2022 年 7 月	779886.20	690787.30	12.9	4044.50	3819.70	5.9
2022 年 8 月	789968.40	703326.00	12.3	4079.60	3879.90	5.2

（续表）

时间	工业企业流动资产合计本月末/亿元	工业企业流动资产合计上年同期/亿元	工业企业流动资产合计增长率/%	印刷企业流动资产合计本月末/亿元	印刷企业流动资产合计上年同期/亿元	印刷企业流动资产合计增长率/%
2022 年 9 月	799415.00	714195.90	11.9	4084.00	3919.20	4.2
2022 年 10 月	809391.40	727886.70	11.2	4152.50	3963.70	4.8
2022 年 11 月	820148.80	743947.70	10.2	4229.50	4066.40	4.0
2022 年 12 月	807645.90	736442.20	9.7	4203.50	4070.00	3.3
2023 年 2 月	809627.20	737604.70	9.8	4028.60	3870.70	4.1
2023 年 3 月	820672.00	754458.70	8.8	4055.90	3934.70	3.1
2023 年 4 月	825538.60	763139.20	8.2	4047.40	3938.30	2.8
2023 年 5 月	829809.00	775368.30	7.0	3996.50	3979.90	0.4
2023 年 6 月	834922.90	782845.90	6.7	4127.60	4028.10	2.5
2023 年 7 月	841919.90	789040.90	6.7	4172.90	4064.00	2.7
2023 年 8 月	853750.10	799610.60	6.8	4225.50	4093.00	3.2
2023 年 9 月	860748.30	809330.90	6.4	4263.20	4102.80	3.9
2023 年 10 月	869140.00	819705.90	6.0	4304.50	4168.10	3.3
2023 年 11 月	879432.20	830157.00	5.9	4395.70	4230.30	3.9
2023 年 12 月	858703.30	816107.10	5.2	4381.90	4190.10	4.6

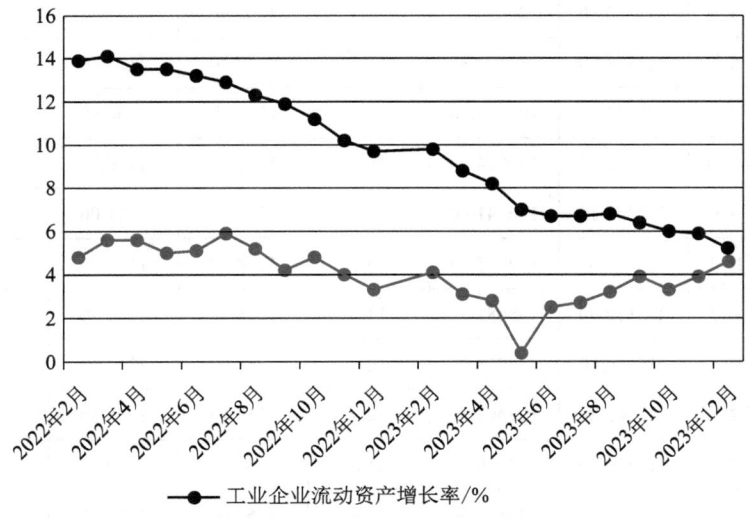

资料来源：国家统计局网站。国家统计局公布数据中 2023 年 1 月数据缺失。

图 8-1 企业流动资产增长率变化趋势

8.2 企业应收账款及增长率

从表8-2可知，2022年2月至2023年12月，工业企业应收账款与印刷企业应收账款整体呈增长趋势。工业企业应收账款增长率均为正数，印刷企业应收账款增长率部分出现负数情况，工业企业应收账款增长率整体高于印刷企业应收账款增长率，两者变化趋势比较相似，且两者间的差距在逐步减小，如图8-2所示。

表8-2 企业应收账款及增长率

时间	工业企业应收账款合计本月末/亿元	工业企业应收账款合计上年同期/亿元	工业企业应收账款合计增长率/%	印刷企业应收账款合计本月末/亿元	印刷企业应收账款合计上年同期/亿元	印刷企业应收账款合计增长率/%
2022年2月	188394.70	164043.60	14.8	1128.00	1087.90	3.7
2022年3月	191609.60	167517.30	14.4	1118.60	1078.10	3.8
2022年4月	191963.80	170771.20	12.4	1131.90	1084.70	4.4
2022年5月	197520.40	176625.90	11.8	1163.90	1113.90	4.5
2022年6月	201901.90	177714.80	13.6	1182.10	1128.80	4.7
2022年7月	206923.10	181133.10	14.2	1204.00	1156.60	4.1
2022年8月	209771.50	184054.90	14.0	1218.00	1190.80	2.3
2022年9月	212403.10	186341.80	14.0	1221.00	1211.00	0.8
2022年10月	218801.60	192595.30	13.6	1244.70	1234.50	0.8
2022年11月	223159.00	198887.30	12.2	1286.10	1281.90	0.3
2022年12月	216466.20	192718.00	12.3	1256.00	1254.60	0.1
2023年2月	212345.80	191407.50	10.9	1164.40	1158.30	0.5
2023年3月	215876.30	194530.80	11.0	1164.50	1149.30	1.3
2023年4月	219375.80	194824.60	12.6	1164.60	1154.20	0.9
2023年5月	223678.90	200174.80	11.7	1177.50	1187.60	-0.9

（续表）

时间	工业企业应收账款合计本月末/亿元	工业企业应收账款合计上年同期/亿元	工业企业应收账款合计增长率/%	印刷企业应收账款合计本月末/亿元	印刷企业应收账款合计上年同期/亿元	印刷企业应收账款合计增长率/%
2023年6月	227155.60	205295.30	10.6	1197.90	1212.60	-1.2
2023年7月	231123.50	210651.40	9.7	1215.70	1221.10	-0.4
2023年8月	234123.50	213817.90	9.5	1240.20	1232.90	0.6
2023年9月	237525.90	216583.10	9.7	1274.10	1239.80	2.8
2023年10月	242086.50	223344.40	8.4	1295.70	1261.50	2.7
2023年11月	245890.00	227546.10	8.1	1313.50	1304.10	0.7
2023年12月	237155.10	220454.30	7.6	1285.00	1268.40	1.3

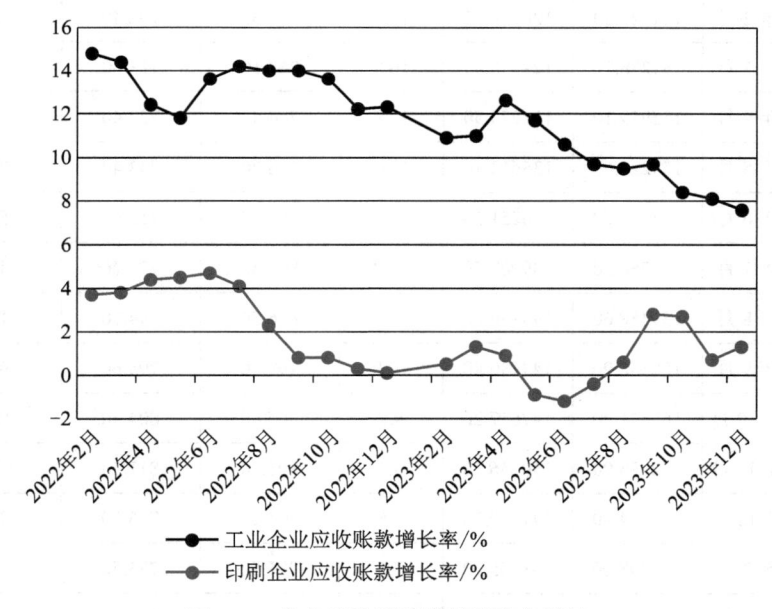

资料来源：国家统计局网站。国家统计局公布数据中2023年1月数据缺失。

图 8-2　企业应收账款增长率变化趋势

8.3 企业存货及增长率

从表 8-3 可知，工业企业存货与印刷企业存货 2023 年整体水平较 2022 年有所增长。2022 年 2 月至 2023 年 12 月，工业企业存货增长率和印刷企业存货增长率部分出现负值，工业企业存货增长率整体高于印刷企业存货增长率，两者均经历先下降再回升的过程，且到 2023 年 12 月两者差距趋近于零，如图 8-3 所示。

表 8-3 企业存货及增长率

时间	工业企业存货合计本月末/亿元	工业企业存货合计上年同期/亿元	工业企业存货合计增长率/%	印刷企业存货合计本月末/亿元	印刷企业存货合计上年同期/亿元	印刷企业存货合计增长率/%
2022 年 2 月	147823.30	126728.70	16.6	749.50	702.40	6.7
2022 年 3 月	151288.70	129486.50	16.8	765.10	713.60	7.2
2022 年 4 月	155959.10	132274.50	17.9	784.40	727.40	7.8
2022 年 5 月	159224.60	135613.70	17.4	796.70	743.40	7.2
2022 年 6 月	158123.60	136251.50	16.1	792.80	753.00	5.3
2022 年 7 月	159756.20	139907.50	14.2	807.30	775.20	4.1
2022 年 8 月	159458.60	143136.80	11.4	806.50	794.70	1.5
2022 年 9 月	158538.00	144139.40	10.0	799.50	795.60	0.5
2022 年 10 月	160831.20	147657.20	8.9	807.40	804.40	0.4
2022 年 11 月	162936.90	150256.70	8.4	808.30	811.30	-0.4
2022 年 12 月	159134.40	147839.30	7.6	801.10	795.80	0.7
2023 年 2 月	159898.00	148705.70	7.5	786.50	773.50	1.7
2023 年 3 月	160975.80	152146.70	5.8	789.00	791.70	-0.3
2023 年 4 月	161393.90	156558.80	3.1	779.60	801.20	-2.7
2023 年 5 月	160917.70	159569.50	0.8	773.80	804.40	-3.8

第二部分　专题报告——规模以上印刷企业运行状况分析

（续表）

时间	工业企业存货合计本月末/亿元	工业企业存货合计上年同期/亿元	工业企业存货合计增长率/%	印刷企业存货合计本月末/亿元	印刷企业存货合计上年同期/亿元	印刷企业存货合计增长率/%
2023年6月	158734.20	158848.70	-0.1	766.30	792.00	-3.2
2023年7月	160355.90	160622.70	-0.2	782.40	804.60	-2.8
2023年8月	161612.30	160388.10	0.8	788.20	802.30	-1.8
2023年9月	161197.70	159239.10	1.2	790.30	793.50	-0.4
2023年10月	163117.80	161720.60	0.9	795.40	799.40	-0.5
2023年11月	164328.20	163658.00	0.4	797.50	797.70	0.0
2023年12月	159689.90	159622.40	0.0	785.30	787.30	-0.3

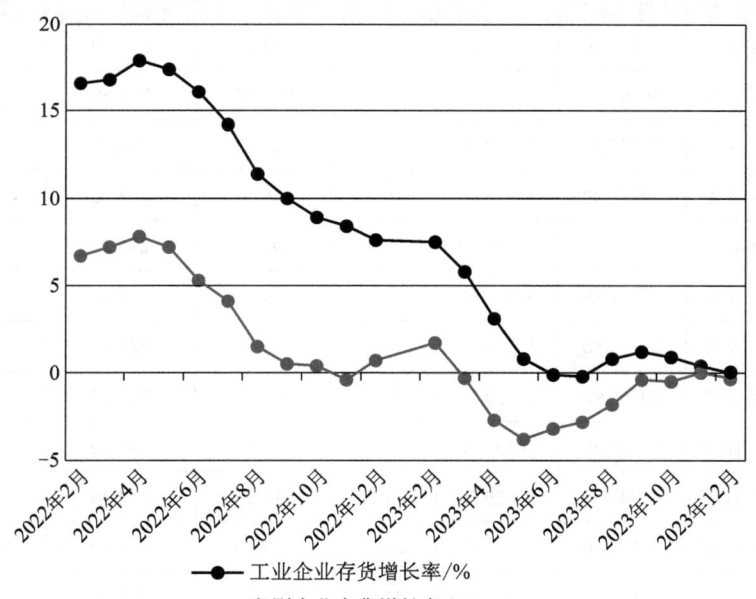

资料来源：国家统计局网站。国家统计局公布数据中2023年1月数据缺失。

图 8-3　企业存货增长率变化趋势

8.4 企业产成品及增长率

从表 8-4 可知,2022 年 2 月至 2023 年 12 月工业企业产成品整体呈上升趋势,印刷企业产成品 2023 年整体水平较 2022 年有所下降。工业企业产成品增长率均为正数,印刷企业产成品增长率出现部分负数,工业企业产成品增长率整体高于印刷企业产成品增长率,工业企业产成品增长率整体呈下降趋势,印刷企业产成品增长率先降后升,两者之间的差距逐渐减小,如图 8-4 所示。

表 8-4 企业产成品及增长率

时间	工业企业产成品合计本月末/亿元	工业企业产成品合计上年同期/亿元	工业企业产成品合计增长率/%	印刷企业产成品合计本月末/亿元	印刷企业产成品合计上年同期/亿元	印刷企业产成品合计增长率/%
2022 年 2 月	53820.60	46077.80	16.8	286.30	274.10	4.5
2022 年 3 月	56061.00	47453.20	18.1	297.10	281.40	5.6
2022 年 4 月	57875.00	48242.60	20.0	305.50	286.90	6.5
2022 年 5 月	59583.80	49776.40	19.7	305.40	292.90	4.3
2022 年 6 月	59346.20	49913.10	18.9	304.40	295.30	3.1
2022 年 7 月	60071.80	51423.60	16.8	313.90	309.00	1.6
2022 年 8 月	60185.80	52727.30	14.1	319.50	322.30	-0.9
2022 年 9 月	59566.90	52359.20	13.8	314.20	320.20	-1.9
2022 年 10 月	60955.20	54137.30	12.6	318.60	318.90	-0.1
2022 年 11 月	61943.50	55629.10	11.4	314.80	312.40	0.8
2022 年 12 月	60363.20	54911.90	9.9	302.10	308.40	-2.0
2023 年 2 月	59887.10	54098.80	10.7	297.60	293.40	1.4
2023 年 3 月	61405.20	56307.20	9.1	302.50	307.40	-1.6
2023 年 4 月	61343.60	57944.30	5.9	293.60	310.90	-5.6

（续表）

时间	工业企业产成品合计本月末/亿元	工业企业产成品合计上年同期/亿元	工业企业产成品合计增长率/%	印刷企业产成品合计本月末/亿元	印刷企业产成品合计上年同期/亿元	印刷企业产成品合计增长率/%
2023年5月	61371.00	59491.40	3.2	291.30	305.40	-4.6
2023年6月	60495.20	59220.60	2.2	292.10	301.40	-3.1
2023年7月	61023.50	60042.60	1.6	301.70	307.30	-1.8
2023年8月	61549.70	60086.90	2.4	306.90	311.80	-1.6
2023年9月	61266.30	59400.00	3.1	303.70	305.70	-0.7
2023年10月	62081.30	60841.30	2.0	304.70	309.20	-1.5
2023年11月	62860.00	61823.10	1.7	303.50	307.20	-1.2
2023年12月	61425.90	60153.30	2.1	295.50	296.50	-0.3

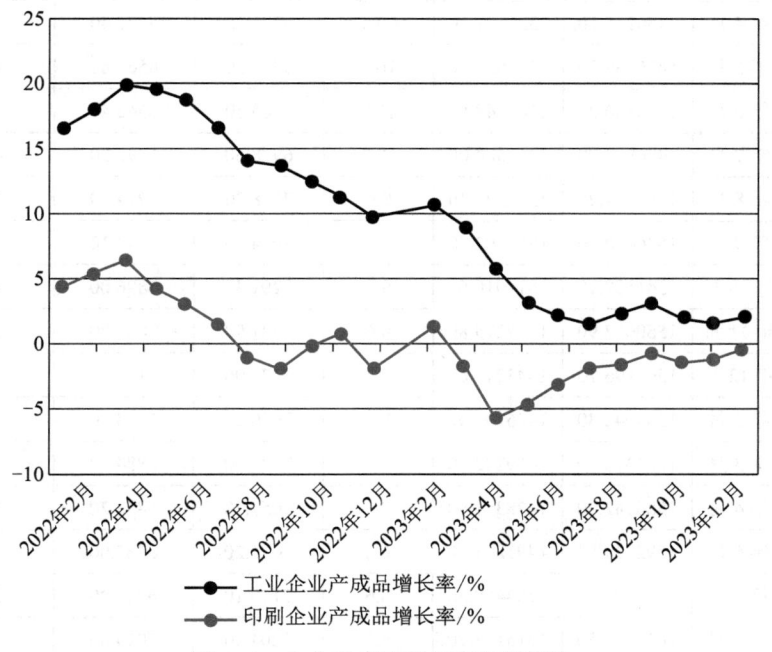

资料来源：国家统计局网站。国家统计局公布数据中2023年1月数据缺失。

图8-4 企业产成品增长率变化趋势

8.5 企业资产总计及增长率

从表 8-5 可知，2022 年 2 月至 2023 年 12 月，工业企业资产总计与印刷企业资产总计整体呈上升趋势。工业企业资产总计增长率和印刷企业资产总计增长率均为正数，工业企业资产总计增长率整体高于印刷企业资产总计增长率，工业企业资产总计增长率逐渐下降，印刷企业资产总计增长率波动较大，两者之间的差距逐渐收窄，如图 8-5 所示。

表 8-5 企业资产总计及增长率

时间	工业企业资产总计本月末/亿元	工业企业资产总计上年同期/亿元	工业企业资产总计增长率/%	印刷企业资产总计本月末/亿元	印刷企业资产总计上年同期/亿元	印刷企业资产总计增长率/%
2022 年 2 月	1422415.90	1288418.10	10.4	6620.60	6344.90	4.3
2022 年 3 月	1446106.80	1307373.70	10.6	6702.50	6387.30	4.9
2022 年 4 月	1460236.10	1322177.90	10.4	6723.70	6427.40	4.6
2022 年 5 月	1476237.30	1337632.10	10.4	6830.90	6567.60	4.0
2022 年 6 月	1486550.20	1348748.60	10.2	6905.50	6642.40	4.0
2022 年 7 月	1496812.90	1360584.00	10.0	6978.60	6692.20	4.3
2022 年 8 月	1509877.20	1377375.30	9.6	7018.20	6774.00	3.6
2022 年 9 月	1526400.10	1394392.70	9.5	7054.10	6843.10	3.1
2022 年 10 月	1541537.10	1414016.60	9.0	7201.40	6896.00	4.4
2022 年 11 月	1560672.90	1437279.80	8.6	7321.90	7065.80	3.6
2022 年 12 月	1561196.70	1443211.60	8.2	7371.00	7119.30	3.5
2023 年 2 月	1565042.30	1446299.40	8.2	7070.20	6804.30	3.9
2023 年 3 月	1582310.60	1469222.80	7.7	7125.00	6884.60	3.5
2023 年 4 月	1585542.90	1478341.90	7.3	7057.70	6852.20	3.0
2023 年 5 月	1592429.50	1491291.90	6.8	7006.20	6883.00	1.8
2023 年 6 月	1603126.40	1504489.30	6.6	7139.10	6947.20	2.8
2023 年 7 月	1613985.50	1515153.70	6.5	7204.30	7014.80	2.7

（续表）

时间	工业企业资产总计本月末/亿元	工业企业资产总计上年同期/亿元	工业企业资产总计增长率/%	印刷企业资产总计本月末/亿元	印刷企业资产总计上年同期/亿元	印刷企业资产总计增长率/%
2023年8月	1630100.20	1529495.70	6.6	7274.70	7049.80	3.2
2023年9月	1644014.00	1545163.70	6.4	7325.20	7086.50	3.4
2023年10月	1658374.30	1560449.90	6.3	7375.20	7225.20	2.1
2023年11月	1677828.60	1578587.50	6.3	7504.90	7294.00	2.9
2023年12月	1673576.90	1578409.40	6.0	7553.30	7320.70	3.2

资料来源：国家统计局网站。国家统计局公布数据中2023年1月数据缺失。

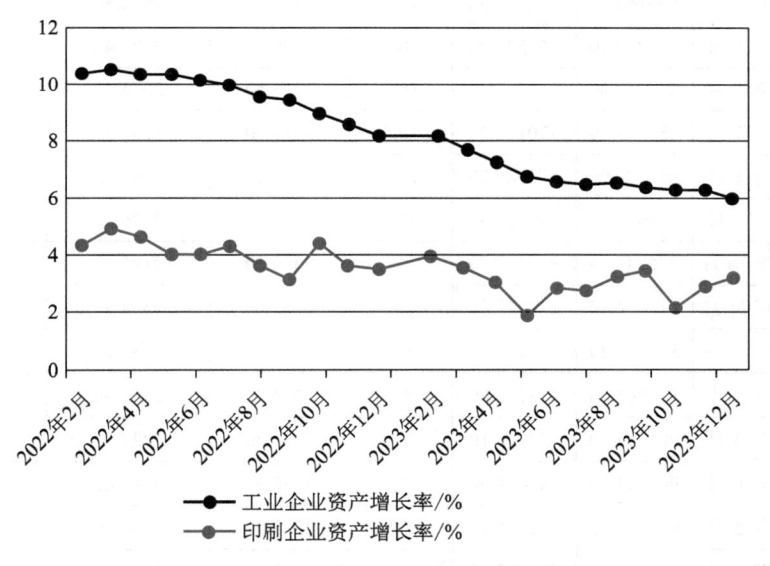

图 8-5　企业资产总计增长率变化趋势

8.6　企业负债合计及增长率

从表 8-6 可知，2022 年 2 月至 2023 年 12 月，工业企业负债合计与印刷企业负债合计整体呈上升趋势。工业企业负债合计增长率均为正数，但印刷企业负债合计增长率出现部分负数，工业企业负债合计增长率整体高于印刷企业负债合计增长率，印刷企业负债合计增长率波动较大，如图8-6所示。

表8-6 企业负债合计及增长率

时间	工业企业负债合计本月末/亿元	工业企业负债合计上年同期/亿元	工业企业负债合计增长率/%	印刷企业负债合计本月末/亿元	印刷企业负债合计上年同期/亿元	印刷企业负债合计增长率/%
2022年2月	800343.50	726464.90	10.2	3065.80	2917.10	5.1
2022年3月	816764.60	739226.70	10.5	3113.30	2940.60	5.9
2022年4月	825110.20	747619.80	10.4	3114.40	2971.80	4.8
2022年5月	835729.10	756535.40	10.5	3170.90	3032.40	4.6
2022年6月	845764.80	765715.30	10.5	3225.40	3083.40	4.6
2022年7月	850794.20	770102.40	10.5	3252.50	3097.10	5.0
2022年8月	857575.00	779788.30	10.0	3274.80	3151.20	3.9
2022年9月	867065.50	788723.70	9.9	3275.50	3174.20	3.2
2022年10月	875738.00	800191.50	9.4	3330.10	3195.10	4.2
2022年11月	887834.80	814417.90	9.0	3393.40	3304.90	2.7
2022年12月	882994.20	813151.80	8.6	3376.70	3287.20	2.7
2023年2月	889064.80	818170.80	8.7	3234.40	3165.90	2.2
2023年3月	903705.70	834068.10	8.3	3284.20	3221.10	2.0
2023年4月	908013.90	842434.60	7.8	3270.50	3216.60	1.7
2023年5月	914106.30	852720.20	7.2	3248.00	3269.70	−0.7
2023年6月	922768.20	864578.40	6.7	3319.60	3328.90	−0.3
2023年7月	929201.40	870136.70	6.8	3356.40	3348.80	0.2
2023年8月	938698.90	877651.50	7.0	3407.60	3367.10	1.2
2023年9月	946279.70	886676.10	6.7	3431.00	3371.90	1.8
2023年10月	955199.50	895658.30	6.6	3441.10	3417.90	0.7
2023年11月	965852.00	907824.60	6.4	3505.60	3452.30	1.5
2023年12月	955717.70	902753.90	5.9	3494.50	3416.30	2.3

资料来源：国家统计局网站。国家统计局公布数据中2023年1月数据缺失。

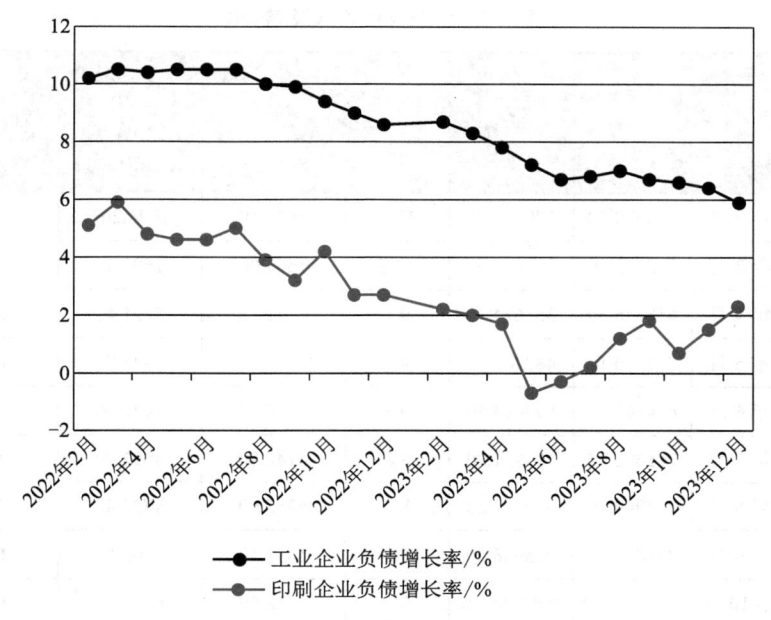

图 8-6 企业负债合计增长率变化趋势

8.7 企业营业收入及增长率

从表 8-7 可知，2022 年 2 月至 2023 年 12 月，工业企业营业收入整体呈上升趋势，印刷企业营业收入 2023 年整体水平较 2022 年有所下降。工业企业营业收入增长率和印刷企业营业收入增长率在 2022 年 12 月之后都出现了大幅下跌现象，并出现了负值。工业企业营业收入增长率整体高于印刷企业营业收入增长率，两者变化趋势一致，且两者之间的差距基本稳定，如图 8-7 所示。

表 8-7 企业营业收入及增长率

时间	工业企业营业收入合计本月末/亿元	工业企业营业收入合计上年同期/亿元	工业企业营业收入合计增长率/%	印刷企业营业收入合计本月末/亿元	印刷企业营业收入合计上年同期/亿元	印刷企业营业收入合计增长率/%
2022 年 2 月	193990.00	170371.70	13.9	1039.50	978.20	6.3
2022 年 3 月	312712.00	277466.50	12.7	1663.00	1601.40	3.8
2022 年 4 月	418476.50	381624.20	9.7	2241.10	2221.40	0.9
2022 年 5 月	531570.10	487240.70	9.1	2847.60	2823.70	0.8
2022 年 6 月	654147.30	599603.40	9.1	3510.10	3472.70	1.1
2022 年 7 月	765672.30	703981.20	8.8	4148.80	4092.70	1.4
2022 年 8 月	878949.70	810892.20	8.4	4785.60	4724.40	1.3
2022 年 9 月	1001708.20	925986.90	8.2	5451.40	5405.50	0.8
2022 年 10 月	1117838.70	1039195.10	7.6	6112.50	6082.90	0.5
2022 年 11 月	1239568.90	1161691.30	6.7	6834.70	6858.40	-0.3
2022 年 12 月	1379098.40	1301688.40	5.9	7645.20	7760.10	-1.5
2023 年 2 月	192979.50	195517.90	-1.3	983.50	1068.30	-7.9
2023 年 3 月	311798.40	313383.40	-0.5	1574.00	1689.10	-6.8
2023 年 4 月	410681.80	408674.60	0.5	2036.70	2165.80	-6.0
2023 年 5 月	513913.90	513380.20	0.1	2521.20	2690.60	-6.3
2023 年 6 月	626238.60	628991.00	-0.4	3044.60	3260.20	-6.6
2023 年 7 月	732235.20	736126.20	-0.5	3575.80	3828.40	-6.6
2023 年 8 月	843280.70	845815.40	-0.3	4092.50	4408.30	-7.2
2023 年 9 月	963462.60	963854.10	0.0	4707.00	5024.90	-6.3
2023 年 10 月	1077754.40	1074579.50	0.3	5275.70	5597.40	-5.7
2023 年 11 月	1200363.70	1189040.00	1.0	5900.10	6227.00	-5.2
2023 年 12 月	1334390.80	1319626.50	1.1	6576.90	6904.40	-4.7

资料来源：国家统计局网站。国家统计局公布数据中 2023 年 1 月数据缺失。

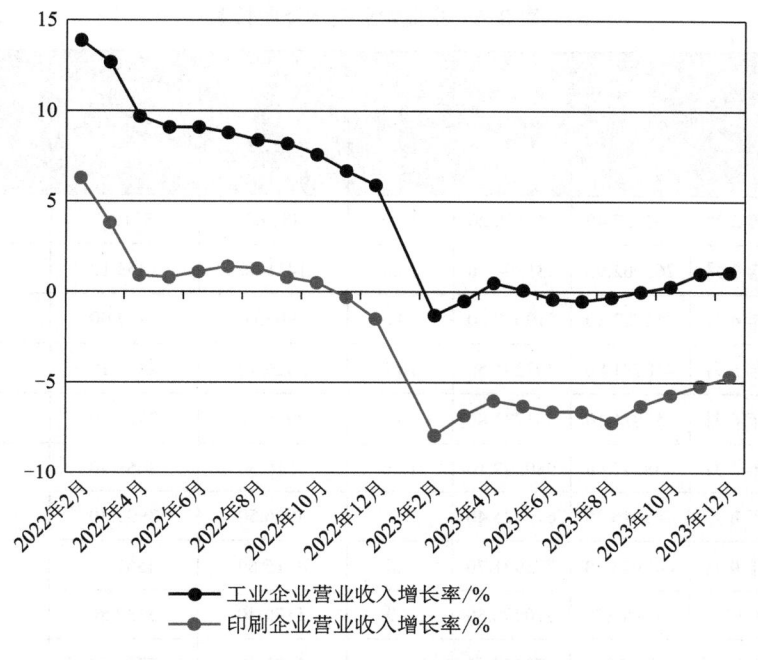

图 8-7　企业营业收入增长率变化趋势

8.8　企业营业成本及增长率

从表 8-8 可知，2022 年 2 月至 2023 年 12 月，工业企业营业成本 2023 年整体水平和 2022 年相差不大，印刷企业营业成本 2023 年整体水平较 2022 年有所下降。工业企业营业成本增长率和印刷企业营业成本增长率在 2022 年 12 月大幅下降，工业企业营业成本增长率整体高于印刷企业营业成本增长率，两者变化趋势一致，且两者之间的差距基本稳定，如图 8-8 所示。

表 8-8　企业营业成本及增长率

时间	工业企业营业成本合计本月末/亿元	工业企业营业成本合计上年同期/亿元	工业企业营业成本合计增长率/%	印刷企业营业成本合计本月末/亿元	印刷企业营业成本合计上年同期/亿元	印刷企业营业成本合计增长率/%
2022 年 2 月	162767.40	141510.20	15.0	881.60	821.60	7.3
2022 年 3 月	262902.90	231704.00	13.5	1411.60	1353.10	4.3
2022 年 4 月	352783.30	319030.60	10.6	1902.80	1877.00	1.4
2022 年 5 月	448771.80	407294.50	10.2	2415.40	2384.10	1.3
2022 年 6 月	552871.10	501731.80	10.2	2978.70	2934.50	1.5
2022 年 7 月	648547.40	589599.10	10.0	3516.60	3458.40	1.7
2022 年 8 月	745646.70	679425.40	9.7	4056.50	3993.30	1.6
2022 年 9 月	849934.30	775921.70	9.5	4615.60	4567.30	1.1
2022 年 10 月	948403.70	870498.50	8.9	5170.40	5137.80	0.6
2022 年 11 月	1051213.20	973244.40	8.0	5771.40	5781.00	-0.2
2022 年 12 月	1168426.40	1090932.80	7.1	6436.30	6515.70	-1.2
2023 年 2 月	163767.20	164164.50	-0.2	831.10	906.40	-8.3
2023 年 3 月	265156.30	263652.40	0.6	1330.90	1436.10	-7.3
2023 年 4 月	349824.50	344403.50	1.6	1722.30	1838.50	-6.3
2023 年 5 月	438330.00	433091.40	1.2	2129.10	2278.60	-6.6
2023 年 6 月	533717.10	530977.10	0.5	2565.60	2760.40	-7.1
2023 年 7 月	623998.20	622792.80	0.2	3008.70	3239.80	-7.1
2023 年 8 月	718255.00	716829.10	0.2	3434.60	3727.10	-7.8
2023 年 9 月	819583.40	817106.50	0.3	3943.50	4244.20	-7.1
2023 年 10 月	916324.00	911058.10	0.6	4410.50	4722.00	-6.6
2023 年 11 月	1019321.00	1007831.70	1.1	4917.90	5242.10	-6.2
2023 年 12 月	1130986.00	1118002.70	1.2	5457.40	5791.00	-5.8

资料来源：国家统计局网站。国家统计局公布数据中 2023 年 1 月数据缺失。

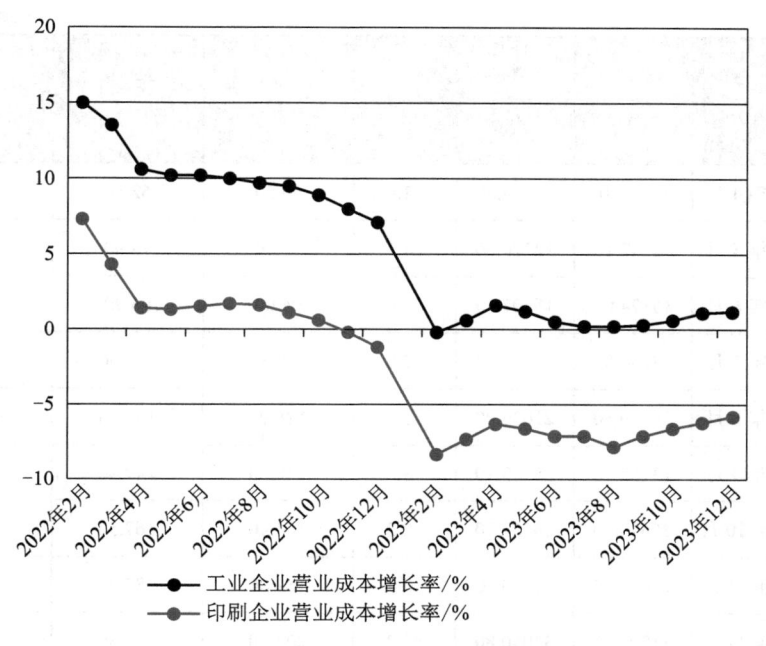

图 8-8　企业营业成本增长率变化趋势

8.9　企业销售费用及增长率

从表 8-9 可知，工业企业销售费用增长率从 2023 年 4 月起由负转正，印刷企业销售费用增长率自 2022 年 3 月起均为负数。在 2022 年 11 月前，工业企业销售费用增长率略低于印刷企业销售费用增长率。自 2022 年 12 月后，工业企业销售费用增长率高于印刷企业销售费用增长率，如图 8-9 所示。

表 8-9　企业销售费用及增长率

时间	工业企业销售费用合计本月末/亿元	工业企业销售费用合计上年同期/亿元	工业企业销售费用增长率/%	印刷企业销售费用合计本月末/亿元	印刷企业销售费用合计上年同期/亿元	印刷企业销售费用合计增长率/%
2022 年 2 月	4706.60	4724.80	-0.4	29.80	29.10	2.4
2022 年 3 月	7421.20	7562.70	-1.9	45.90	46.10	-0.4

（续表）

时间	工业企业销售费用合计本月末/亿元	工业企业销售费用合计上年同期/亿元	工业企业销售费用合计增长率/%	印刷企业销售费用合计本月末/亿元	印刷企业销售费用合计上年同期/亿元	印刷企业销售费用合计增长率/%
2022年4月	9801.30	10169.50	-3.6	60.50	62.50	-3.2
2022年5月	12247.10	12770.60	-4.1	76.50	78.90	-3.0
2022年6月	15174.00	15807.80	-4.0	94.00	96.90	-3.0
2022年7月	17654.00	18377.40	-3.9	112.30	113.60	-1.1
2022年8月	20249.60	21039.90	-3.8	128.90	130.90	-1.5
2022年9月	23173.10	23943.10	-3.2	146.90	149.40	-1.7
2022年10月	25673.40	26531.20	-3.2	164.40	167.50	-1.9
2022年11月	28435.20	29405.50	-3.3	182.80	187.20	-2.4
2022年12月	31997.90	33040.80	-3.2	204.40	211.50	-3.4
2023年2月	4589.20	4731.40	-3.0	28.70	30.40	-5.6
2023年3月	7417.10	7421.10	-0.1	44.50	46.40	-4.1
2023年4月	9725.20	9575.70	1.6	57.40	59.00	-2.7
2023年5月	12100.70	11809.60	2.5	71.40	73.40	-2.7
2023年6月	14863.40	14529.20	2.3	86.60	88.90	-2.6
2023年7月	17313.40	16886.20	2.5	101.90	104.80	-2.8
2023年8月	19793.40	19384.60	2.1	116.10	120.40	-3.6
2023年9月	22590.70	22196.40	1.8	133.00	136.50	-2.6
2023年10月	25087.90	24552.20	2.2	149.20	152.30	-2.0
2023年11月	27858.80	27130.40	2.7	166.80	169.10	-1.4
2023年12月	31408.00	30489.30	3.0	186.90	188.10	-0.6

资料来源：国家统计局网站。国家统计局公布数据中2023年1月数据缺失。

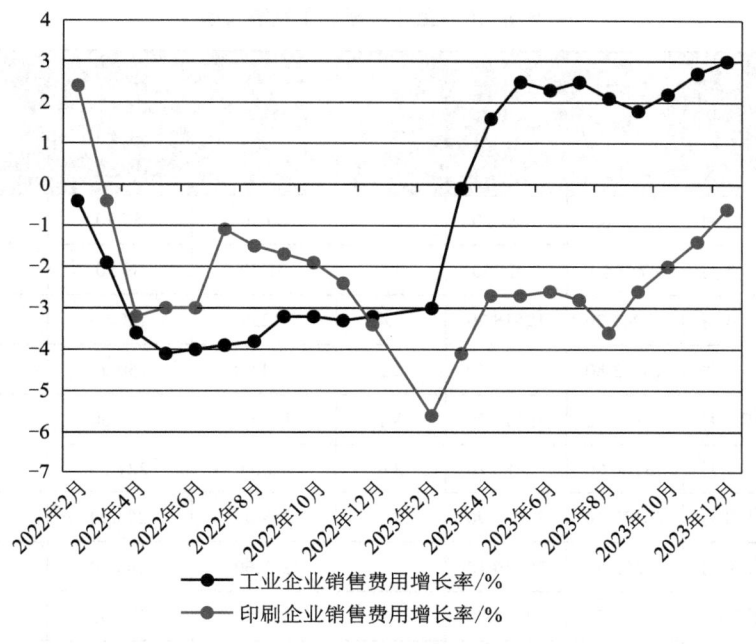

图 8-9　企业销售费用增长率变化趋势

8.10　企业管理费用及增长率

从表 8-10 可知，2022 年 2 月至 2023 年 12 月，工业企业管理费用 2023 年整体水平较 2022 年略有上升，印刷企业管理费用 2023 年整体水平和 2022 年相差不大。工业企业管理费用增长率均为正数，印刷企业管理费用增长率在部分月份出现了负数，工业企业管理费用增长率只有在 2022 年 9—11 月略低于印刷企业管理费用增长率，其余时间前者的整体增长率更高，如图 8-10 所示。

表 8-10　企业管理费用及增长率

时间	工业企业管理费用合计本月末/亿元	工业企业管理费用合计上年同期/亿元	工业企业管理费用合计增长率/%	印刷企业管理费用合计本月末/亿元	印刷企业管理费用合计上年同期/亿元	印刷企业管理费用合计增长率/%
2022 年 2 月	6247.60	5887.20	6.1	60.30	57.30	5.2
2022 年 3 月	9777.60	9364.50	4.4	91.70	89.50	2.5
2022 年 4 月	12943.20	12518.20	3.4	122.20	120.60	1.3
2022 年 5 月	16153.80	15651.40	3.2	154.00	150.90	2.1
2022 年 6 月	19877.00	19278.20	3.1	188.90	186.00	1.6
2022 年 7 月	23160.80	22580.20	2.6	225.80	221.10	2.1
2022 年 8 月	26520.90	25944.90	2.2	258.00	253.00	2.0
2022 年 9 月	30292.80	29719.10	1.9	293.60	286.90	2.3
2022 年 10 月	33766.70	33264.80	1.5	327.40	321.30	1.9
2022 年 11 月	37512.30	37150.10	1.0	362.80	358.00	1.3
2022 年 12 月	43083.80	42910.00	0.4	411.70	412.50	−0.2
2023 年 2 月	6432.40	6352.20	1.3	62.30	62.60	−0.5
2023 年 3 月	10168.40	9900.20	2.7	96.50	94.40	2.2
2023 年 4 月	13191.60	12870.90	2.5	125.50	122.70	2.3
2023 年 5 月	16282.70	15910.20	2.3	154.80	152.30	1.6
2023 年 6 月	19886.80	19557.20	1.7	188.20	186.00	1.2
2023 年 7 月	23212.60	22773.40	1.9	219.50	218.40	0.5
2023 年 8 月	26545.90	26080.00	1.8	250.30	250.20	0.0
2023 年 9 月	30307.50	29799.00	1.7	285.30	284.30	0.4
2023 年 10 月	33736.00	33177.90	1.7	318.00	316.40	0.5
2023 年 11 月	37460.60	36776.80	1.9	353.50	349.60	1.1
2023 年 12 月	43030.30	42212.20	1.9	403.20	396.40	1.7

资料来源：国家统计局网站。国家统计局公布数据中 2023 年 1 月数据缺失。

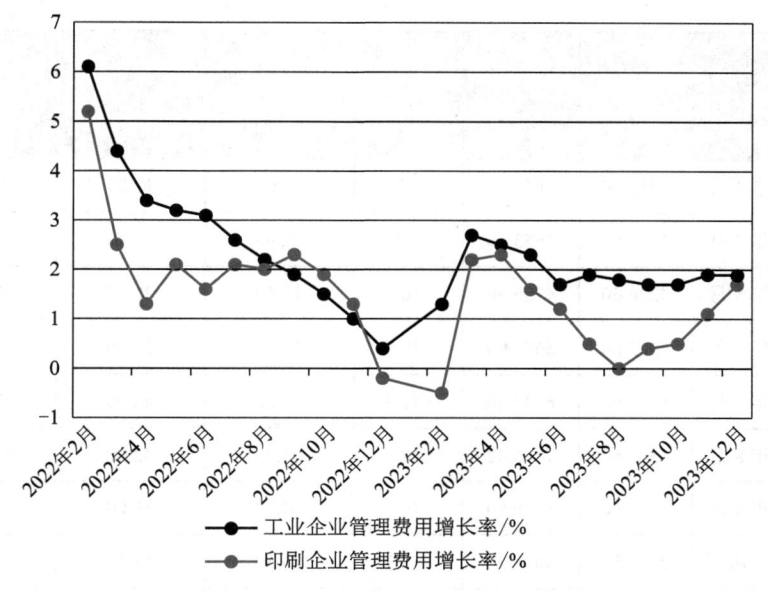

图 8-10　企业管理费用增长率变化趋势

8.11　企业财务费用及增长率

从表 8-11 可知，2022 年 2 月至 2023 年 12 月，工业企业财务费用 2023 年整体水平和 2022 年相差不大，印刷企业财务费用 2023 年整体水平较 2022 年有所上升。工业企业财务费用增长率在 2022 年 12 月前高于印刷企业财务费用增长率，两者数值均变动较大，印刷企业财务费用增长率波动大于工业企业财务费用增长率波动，两者变化趋势基本一致，如图 8-11 所示。

表 8-11　企业财务费用及增长率

时间	工业企业财务费用合计本月末/亿元	工业企业财务费用合计上年同期/亿元	工业企业财务费用合计增长率/%	印刷企业财务费用合计本月末/亿元	印刷企业财务费用合计上年同期/亿元	印刷企业财务费用合计增长率/%
2022 年 2 月	1885.90	1780.00	5.9	7.60	8.00	-5.0

（续表）

时间	工业企业财务费用合计本月末/亿元	工业企业财务费用合计上年同期/亿元	工业企业财务费用合计增长率/%	印刷企业财务费用合计本月末/亿元	印刷企业财务费用合计上年同期/亿元	印刷企业财务费用合计增长率/%
2022年3月	2819.10	2651.00	6.3	11.60	11.20	3.6
2022年4月	3414.80	3663.50	-6.8	12.90	16.10	-19.9
2022年5月	4226.60	4725.50	-10.6	15.50	20.70	-25.1
2022年6月	5023.80	5628.00	-10.7	18.30	24.50	-25.3
2022年7月	5878.90	6544.20	-10.2	21.20	28.00	-24.3
2022年8月	6548.50	7468.40	-12.3	23.30	32.00	-27.2
2022年9月	7004.50	8399.80	-16.6	24.70	36.00	-31.4
2022年10月	7628.80	9408.30	-18.9	26.60	41.10	-35.3
2022年11月	8548.20	10399.10	-17.8	31.10	47.10	-34.0
2022年12月	9850.30	11421.30	-13.8	38.10	53.70	-29.1
2023年2月	1867.70	1916.20	-2.5	8.20	7.90	3.8
2023年3月	2878.90	2844.60	1.2	12.50	11.70	6.8
2023年4月	3612.40	3404.60	6.1	15.10	12.50	20.8
2023年5月	4134.80	4182.70	-1.1	16.50	14.60	13.0
2023年6月	4608.60	4957.10	-7.0	17.80	17.20	3.5
2023年7月	5656.80	5793.90	-2.4	21.10	20.00	5.5
2023年8月	6387.80	6454.50	-1.0	24.40	21.70	12.4
2023年9月	7208.30	6899.50	4.5	27.10	22.60	19.9
2023年10月	7987.90	7495.90	6.6	28.40	24.10	17.8
2023年11月	8933.00	8404.40	6.3	31.90	27.70	15.2
2023年12月	9640.60	9659.60	-0.2	35.40	34.10	3.8

资料来源：国家统计局网站。国家统计局公布数据中2023年1月数据缺失。

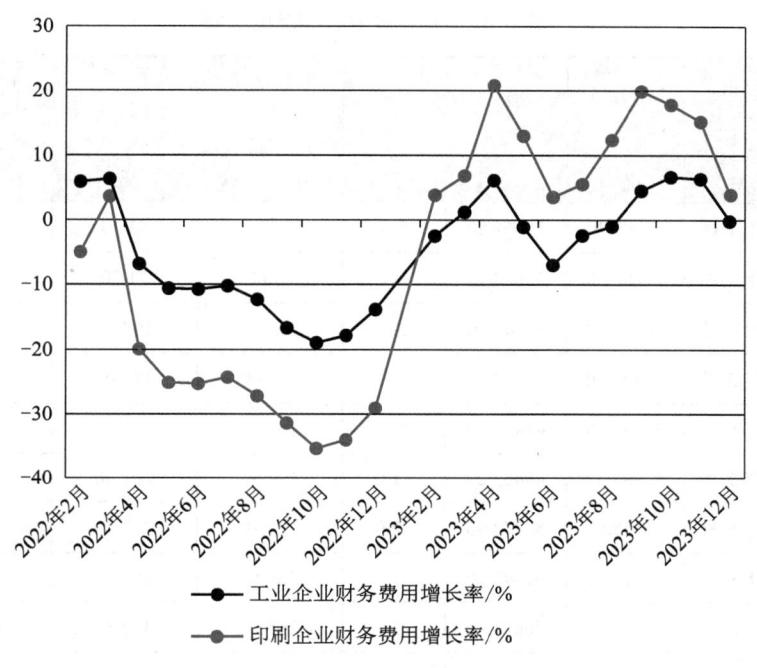

图 8-11　企业财务费用增长率变化趋势

8.12　企业营业利润及增长率

从表 8-12 可知，工业企业营业利润增长率从 2022 年 7 月起由正转负，印刷企业营业利润增长率在 2023 年 12 月转正，两者于 2023 年 2 月达到最低值后呈上升趋势，印刷企业营业利润增长率变化趋势与工业企业营业利润增长率变化趋势一致，2023 年 4 月后印刷企业营业利润增长率高于工业企业营业利润增长率，如图 8-12 所示。

表 8-12　企业营业利润及增长率

时间	工业企业营业利润合计本月末/亿元	工业企业营业利润合计上年同期/亿元	工业企业营业利润合计增长率/%	印刷企业利润合计本月末/亿元	印刷企业营业利润合计上年同期/亿元	印刷企业营业利润合计增长率/%
2022 年 2 月	11308.40	10764.80	5.0	38.00	43.30	−12.2
2022 年 3 月	19188.40	17622.10	8.9	67.60	71.30	−5.2
2022 年 4 月	26121.00	25147.50	3.9	97.00	107.30	−9.6
2022 年 5 月	33801.20	33384.60	1.2	131.00	143.00	−8.4
2022 年 6 月	41906.30	41428.10	1.2	161.40	172.70	−6.5
2022 年 7 月	47983.30	48463.20	−1.0	192.90	203.40	−5.2
2022 年 8 月	54168.60	55278.90	−2.0	225.10	234.40	−4.0
2022 年 9 月	61219.60	62642.10	−2.3	260.00	268.90	−3.3
2022 年 10 月	68477.30	70651.70	−3.1	295.30	302.80	−2.5
2022 年 11 月	75881.30	78775.20	−3.7	338.80	356.80	−5.0
2022 年 12 月	82778.60	86269.80	−4.0	400.40	421.50	−5.0
2023 年 2 月	8628.00	11255.60	−23.3	29.00	39.00	−25.6
2023 年 3 月	14765.60	18910.80	−21.9	51.00	66.00	−22.7
2023 年 4 月	19761.00	25105.70	−21.3	72.70	88.50	−17.9
2023 年 5 月	25977.80	32226.90	−19.4	96.50	119.70	−19.4
2023 年 6 月	32978.20	39895.30	−17.3	120.50	143.60	−16.1
2023 年 7 月	38401.20	45689.00	−16.0	147.50	169.90	−13.2
2023 年 8 月	45437.30	51588.90	−11.9	178.30	200.70	−11.2
2023 年 9 月	52933.10	58198.20	−9.0	213.60	233.00	−8.3
2023 年 10 月	59815.50	64941.20	−7.9	254.20	262.10	−3.0
2023 年 11 月	68471.60	71628.40	−4.4	298.50	300.80	−0.8
2023 年 12 月	75491.70	77270.80	−2.3	361.30	351.80	2.7

资料来源：国家统计局网站。国家统计局公布数据中 2023 年 1 月数据缺失。

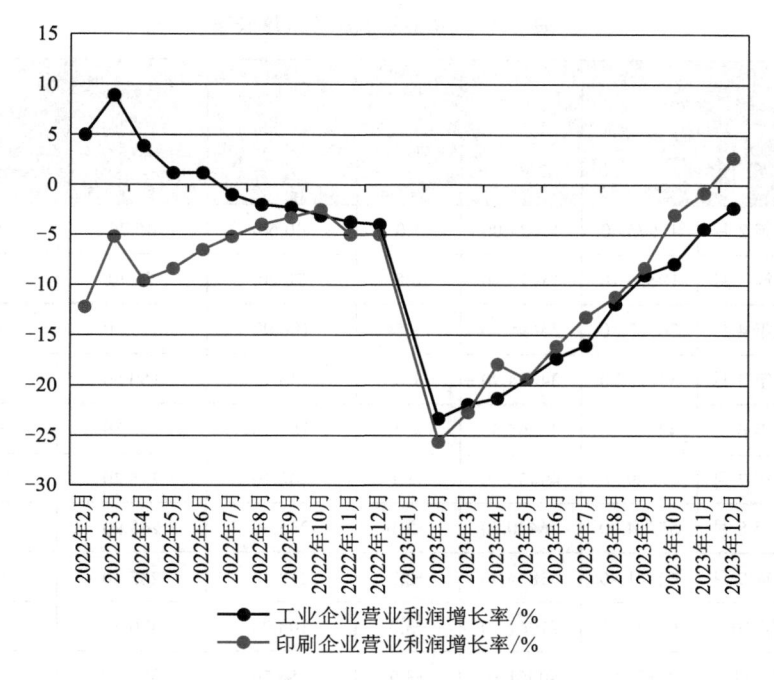

图 8-12　企业营业利润增长率变化趋势

8.13　企业利润总额及增长率

从表 8-13 可知，2022 年 2 月至 2023 年 1 月，工业企业利润总额与印刷企业利润总额整体呈下降趋势。工业企业利润总额增长率从 2022 年 7 月开始为负数，并在 2023 年 2 月达到最小值后有所上升；印刷企业利润总额增长率变化趋势与工业企业营业利润增长率相似，印刷企业利润总额增长率在 2023 年 2 月前低于工业企业利润总额增长率，如图 8-13 所示。

表 8-13　企业利润总额及增长率

时间	工业企业利润总额合计本月末/亿元	工业企业利润总额合计上年同期/亿元	工业企业利润总额合计增长率/%	印刷企业利润总额合计本月末/亿元	印刷企业利润总额合计上年同期/亿元	印刷企业利润总额合计增长率/%
2022 年 2 月	11575.60	11024.00	5.0	40.60	45.70	−11.2
2022 年 3 月	19555.70	18019.70	8.5	70.20	75.70	−7.3
2022 年 4 月	26582.30	25695.30	3.5	100.00	113.50	−11.9
2022 年 5 月	34410.00	34054.90	1.0	136.10	150.50	−9.6
2022 年 6 月	42702.20	42265.50	1.0	169.10	182.30	−7.2
2022 年 7 月	48929.50	49452.20	−1.1	202.70	216.20	−6.2
2022 年 8 月	55254.00	56440.50	−2.1	235.80	248.90	−5.3
2022 年 9 月	62441.80	63894.50	−2.3	272.40	285.20	−4.5
2022 年 10 月	69768.20	71961.90	−3.0	308.90	320.40	−3.6
2022 年 11 月	77179.60	80061.30	−3.6	354.20	376.60	−5.9
2022 年 12 月	84038.50	87558.70	−4.0	431.30	448.00	−3.7
2023 年 2 月	8872.10	11512.70	−22.9	31.40	41.50	−24.3
2023 年 3 月	15167.40	19297.20	−21.4	55.20	68.90	−19.9
2023 年 4 月	20328.80	25604.40	−20.6	78.30	92.80	−15.6
2023 年 5 月	26688.90	32879.30	−18.8	104.80	126.00	−16.8
2023 年 6 月	33884.60	40730.40	−16.8	131.40	152.10	−13.6
2023 年 7 月	39439.80	46690.20	−15.5	159.60	180.30	−11.5
2023 年 8 月	46558.20	52734.00	−11.7	191.50	211.80	−9.6
2023 年 9 月	54119.90	59492.00	−9.0	227.90	246.10	−7.4
2023 年 10 月	61154.20	66320.10	−7.8	270.90	276.10	−1.9
2023 年 11 月	69822.80	73009.50	−4.4	317.00	316.70	0.1
2023 年 12 月	76858.30	78649.80	−2.3	389.60	383.20	1.7

资料来源：国家统计局网站。国家统计局公布数据中 2023 年 1 月数据缺失。

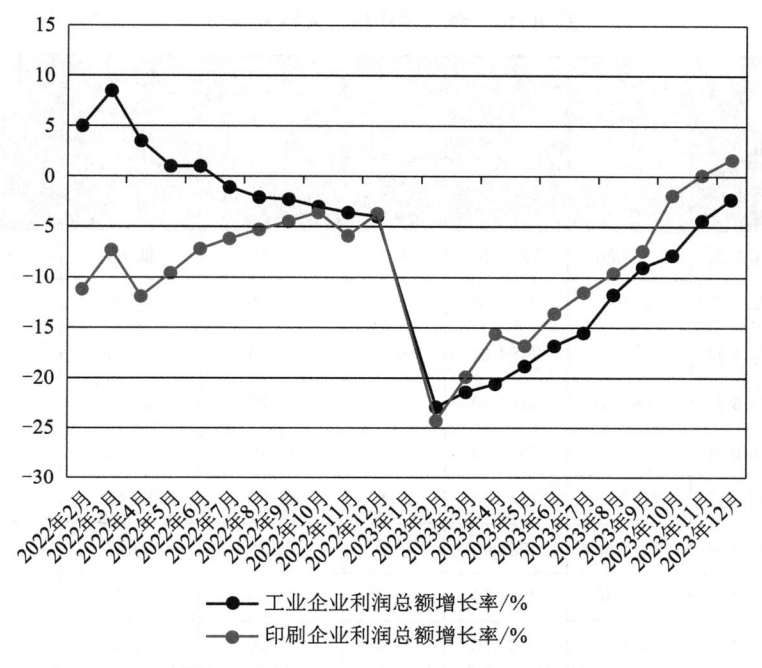

图 8-13 企业利润总额增长率变化趋势

8.14　企业平均用工人数及增长率

从表 8-14 可知，2022 年 2 月至 2023 年 12 月，工业企业平均用工人数与印刷企业平均用工人数整体呈下降趋势。工业企业平均用工人数增长率和印刷企业平均用工人数增长率均出现波动，两者变化趋势一致，如图 8-14 所示。

表 8-14　企业平均用工人数及增长率

时间	工业企业平均用工人数合计本月末/亿元	工业企业平均用工人数合计上年同期/亿元	工业企业平均用工人数合计增长率/%	印刷企业平均用工人数合计本月末/亿元	印刷企业平均用工人数合计上年同期/亿元	印刷企业平均用工人数合计增长率/%
2022 年 2 月	7308.80	7278.20	0.4	79.50	80.80	-1.6
2022 年 3 月	7431.50	7391.20	0.5	80.80	81.80	-1.2
2022 年 4 月	7471.60	7454.10	0.2	81.00	82.40	-1.7
2022 年 5 月	7489.10	7489.70	0.0	81.20	83.10	-2.3
2022 年 6 月	7492.60	7521.30	-0.4	81.40	83.60	-2.6
2022 年 7 月	7485.40	7548.80	-0.8	82.90	85.40	-2.9
2022 年 8 月	7483.60	7561.40	-1.0	82.90	85.50	-3.0
2022 年 9 月	7508.30	7588.80	-1.1	82.80	85.90	-3.6
2022 年 10 月	7505.60	7607.70	-1.3	82.60	85.80	-3.7
2022 年 11 月	7510.50	7638.20	-1.7	82.40	85.90	-4.1
2022 年 12 月	7549.20	7688.10	-1.8	82.60	86.10	-4.1
2023 年 2 月	7330.20	7454.00	-1.7	79.00	82.70	-4.5
2023 年 3 月	7357.30	7566.10	-2.8	79.30	83.90	-5.5
2023 年 4 月	7252.40	7490.20	-3.2	78.40	82.90	-5.4
2023 年 5 月	7216.10	7462.40	-3.3	78.10	82.70	-5.6
2023 年 6 月	7214.70	7467.80	-3.4	77.90	82.60	-5.7
2023 年 7 月	7218.70	7468.90	-3.3	78.00	82.70	-5.7
2023 年 8 月	7227.30	7471.00	-3.3	77.90	82.60	-5.7
2023 年 9 月	7242.90	7496.00	-3.4	78.00	82.60	-5.6
2023 年 10 月	7256.30	7493.60	-3.2	77.80	82.20	-5.4
2023 年 11 月	7298.90	7488.80	-2.5	77.70	81.90	-5.1
2023 年 12 月	7350.80	7515.60	-2.2	78.20	81.90	-4.5

资料来源：国家统计局网站。国家统计局公布数据中 2023 年 1 月数据缺失。

第二部分 专题报告——规模以上印刷企业运行状况分析

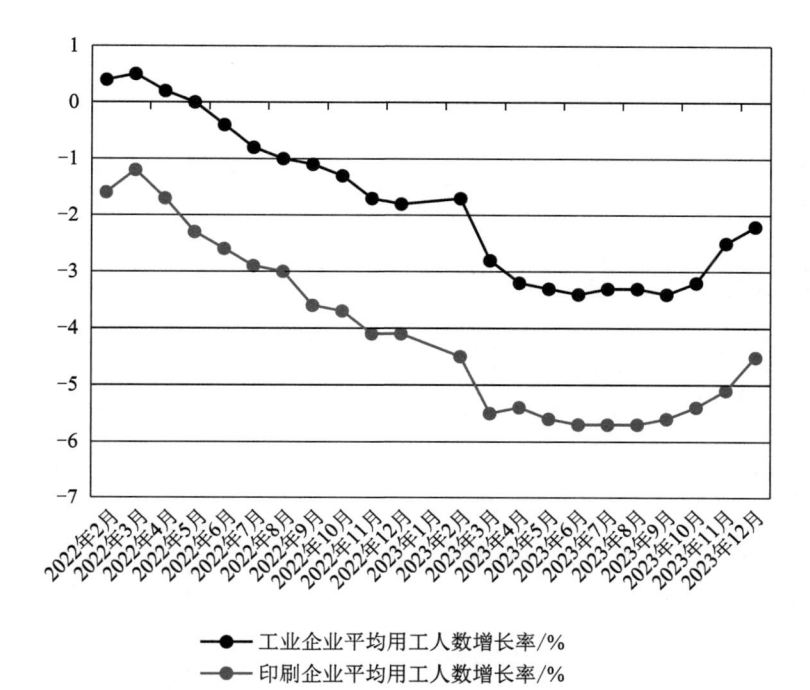

── 工业企业平均用工人数增长率/%
── 印刷企业平均用工人数增长率/%

图 8-14 企业平均用工人数增长率变化趋势

第三部分
专题报告——重点省市印刷业发展状况

第 9 章 北京市印刷业发展状况分析

截至 2022 年 12 月底，北京市共有印刷企业 1603 家，资产总额 506.1 亿元，实现销售收入 248.7 亿元，利润 5.2 亿元，印刷业从业人员 3.5 万人，主营业务收入超过 5000 万元的印刷企业有 75 家。

2022 年，北京印刷业全力做好重点出版物的印刷保障工作，组织开展"3·15"印刷复制质检和绿色印刷产品专项质检活动，多措并举支持企业高质量发展，着力推进印刷企业绿色化转型升级，强化监管确保印刷业安全稳定发展。

9.1 北京市规模以上印刷企业指标分析

从表 9-1 可知，截至 2022 年底，北京市规模以上印刷企业共 91 家，资产总计 222.07 亿元，负债合计 74.89 亿元，平均用工 16431 人。2022 年实现营业收入 137.02 亿元，利润总额 7.26 亿元，工业总产值 116.75 亿元。

表 9-1　北京市规模以上印刷企业主要经济指标

指标	2020 年	2021 年	2022 年
企业单位数 / 个	90	92	91
工业总产值 / 亿元	113.98	127.79	116.75
平均用工人数 / 人	18232	17141	16431
资产总计 / 亿元	219.39	222.99	222.07
负债合计 / 亿元	72.20	56.31	74.89
营业收入 / 亿元	145.71	175.99	137.02
营业成本 / 亿元	110.89	135.73	106.81
利润总额 / 亿元	10.89	15.28	7.26

资料来源：北京市统计年鉴2021—2023。

从表 9-2 可知，2021 年，北京市规模以上印刷企业的工业总产值、营业收入、利润总额保持较快的增长。2022 年，负债合计指标大幅上升，营业收入、利润总额等指标大幅下降，经营形势非常严峻。北京市规模以上印刷企业主要经济指标增长率变化趋势如图 9-1 所示。

表 9-2　北京市规模以上印刷企业主要经济指标增长率　　　单位：%

指标	2021 年	2022 年
企业单位数增长率	2.2	-1.1
工业总产值增长率	12.1	-8.6
平均用工人数增长率	-6.0	-4.1
资产总计增长率	1.6	-0.4
负债合计增长率	-22.0	33.0
营业收入增长率	20.8	-22.1
营业成本增长率	22.4	-21.3
利润总额增长率	40.3	-52.8

资料来源：根据北京市统计年鉴2021—2023 数据计算。

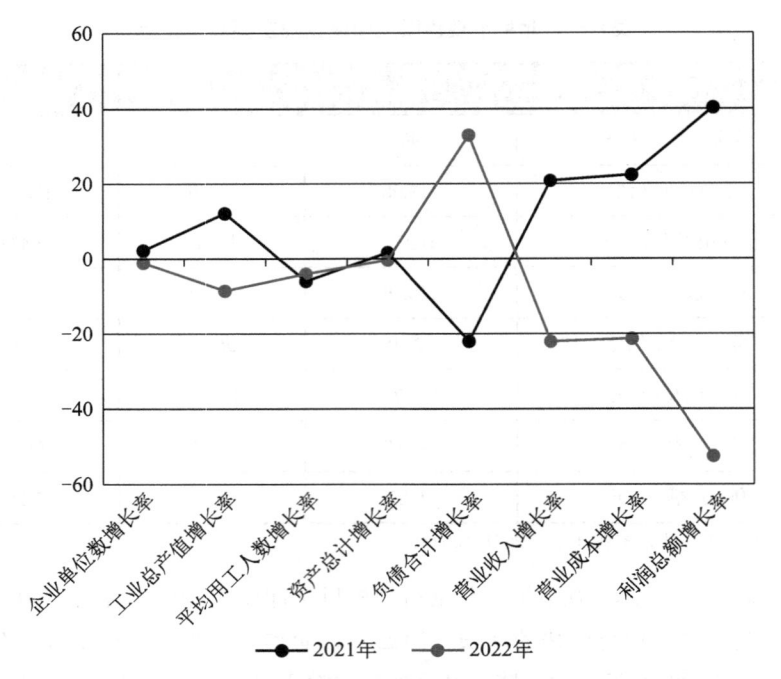

图 9-1　北京市规模以上印刷企业主要经济指标增长率变化趋势（%）

9.2　北京市规模以上国有控股印刷企业指标分析

从表 9-3 可知，截至 2022 年底，北京市规模以上国有控股印刷企业共 29 家，资产总计 136.87 亿元，负债合计 39.73 亿元，平均用工 9317 人。2022 年实现营业收入 79.17 亿元，利润总额 5.44 亿元，工业总产值 67.33 亿元。

表 9-3　北京市规模以上国有控股印刷企业主要经济指标

指标	2020 年	2021 年	2022 年
企业单位数 / 个	28	31	29
工业总产值 / 亿元	57.76	68.92	67.33

（续表）

指标	2020 年	2021 年	2022 年
平均用工人数 / 人	8950	9266	9317
资产总计 / 亿元	120.08	137.34	136.87
负债合计 / 亿元	30.99	49.61	39.73
营业收入 / 亿元	77.75	88.88	79.17
营业成本 / 亿元	55.31	64.87	58.53
利润总额 / 亿元	8.12	7.80	5.44

资料来源：北京市统计年鉴 2021—2023。

从表 9-4 可知，2021 年，北京市规模以上国有控股印刷企业利润总额下降 3.9%，其他指标均保持一定的增长。2022 年，北京市规模以上国有控股印刷企业除平均用工人数略有增长外，其他主要经济指标增长率均为负数。北京市规模以上国有控股印刷企业主要经济指标增长率变化趋势如图 9-2 所示。

表 9-4　北京市规模以上国有控股印刷企业主要经济指标增长率

单位：%

指标	2021 年	2022 年
企业单位数增长率	10.7	-6.5
工业总产值增长率	19.3	-2.3
平均用工人数增长率	3.5	0.6
资产总计增长率	14.4	-0.3
负债合计增长率	60.1	-19.9
营业收入增长率	14.3	-10.9
营业成本增长率	17.3	-9.8
利润总额增长率	-3.9	-30.3

资料来源：根据北京市统计年鉴 2021—2023 数据计算。

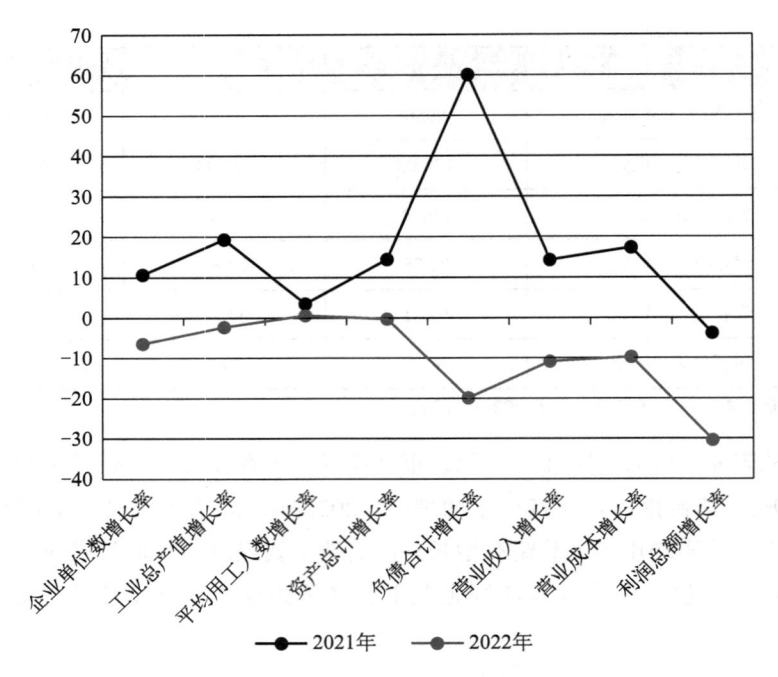

图9-2 北京市规模以上国有控股印刷企业主要经济指标增长率变化趋势（%）

9.3 北京市规模以上港澳台及外商投资印刷企业指标分析

从表9-5可知，截至2022年底，北京市规模以上港澳台及外商投资印刷企业共11家，资产总计20.87亿元，负债合计5.55亿元，平均用工2158人。2022年实现营业收入15.93亿元，利润总额0.76亿元，工业总产值13.39亿元。

表 9-5　北京市规模以上港澳台及外商投资印刷企业主要经济指标

指标	2020 年	2021 年	2022 年
企业单位数 / 个	10	11	11
工业总产值 / 亿元	13.48	15.52	13.39
平均用工人数 / 人	2104	2201	2158
资产总计 / 亿元	19.69	20.94	20.87
负债合计 / 亿元	5.30	5.63	5.55
营业收入 / 亿元	14.90	17.60	15.93
营业成本 / 亿元	11.55	13.57	12.59
利润总额 / 亿元	1.19	1.53	0.76

资料来源：北京市统计年鉴 2021—2023。

从表 9-6 可知，2021 年，北京市规模以上港澳台及外商投资印刷企业主要经济指标增长率均为正数，营业收入、利润总额等均保持了较快的增长。2022 年北京市规模以上港澳台及外商投资印刷企业主要经济指标增长率大多为负数，其中利润总额大幅下跌。北京市规模以上港澳台及外商投资印刷企业主要经济指标增长率变化趋势如图 9-3 所示。

表 9-6　北京市规模以上港澳台及外商投资印刷企业主要经济指标增长率

单位：%

指标	2021 年	2022 年
企业单位数增长率	10.0	0.0
工业总产值增长率	15.1	-13.7
平均用工人数增长率	4.6	-2.0
资产总计增长率	6.3	-0.3
负债合计增长率	6.2	-1.4
营业收入增长率	18.1	-9.5
营业成本增长率	17.5	-7.2
利润总额增长率	28.6	-50.3

资料来源：根据北京市统计年鉴 2021—2023 数据计算。

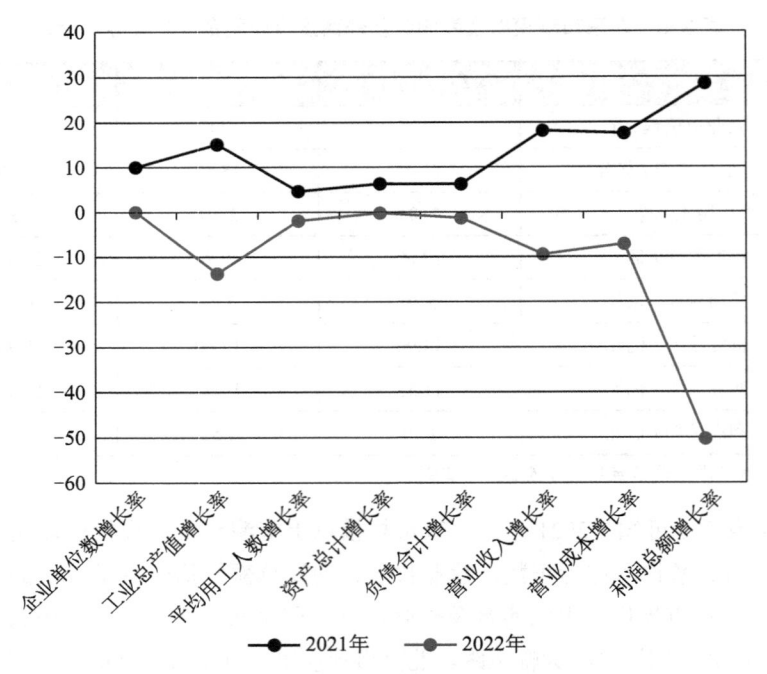

图 9-3　北京市规模以上港澳台及外商投资印刷企业
主要经济指标增长率变化趋势（%）

9.4　北京市规模以上大中型印刷企业指标分析

从表 9-7 可知，截至 2022 年底，北京市规模以上大中型印刷企业共 11 家，资产总计 123.80 亿元，负债合计 34.27 亿元，平均用工 7553 人。2022 年实现营业收入 74.00 亿元，利润总额 5.64 亿元，工业总产值 63.98 亿元。

表 9-7　北京市规模以上大中型印刷企业主要经济指标

指标	2020 年	2021 年	2022 年
企业单位数 / 个	14	17	11
工业总产值 / 亿元	64.35	81.69	63.98
平均用工人数 / 人	9421	10896	7553
资产总计 / 亿元	125.51	133.61	123.80
负债合计 / 亿元	31.22	35.56	34.27
营业收入 / 亿元	83.56	94.05	74.00
营业成本 / 亿元	63.28	69.78	56.53
利润总额 / 亿元	7.14	9.55	5.64

资料来源：北京市统计年鉴2021—2023。

从表9-8可知，2021年，北京市规模以上大中型印刷企业主要经济指标均为正增长，工业总产值、利润总额保持较快增长。2022年，主要经济指标增长率均为负数，且有些指标下降幅度较大。北京市规模以上大中型印刷企业主要经济指标增长率变化趋势如图9-4所示。

表 9-8　北京市规模以上大中型印刷企业主要经济指标增长率　　单位：%

指标	2021 年	2022 年
企业单位数增长率	21.4	-35.3
工业总产值增长率	26.9	-21.7
平均用工人数增长率	15.7	-30.7
资产总计增长率	6.5	-7.3
负债合计增长率	13.9	-3.6
营业收入增长率	12.6	-21.3
营业成本增长率	10.3	-19.0
利润总额增长率	33.8	-40.9

资料来源：根据北京市统计年鉴2021—2023数据计算。

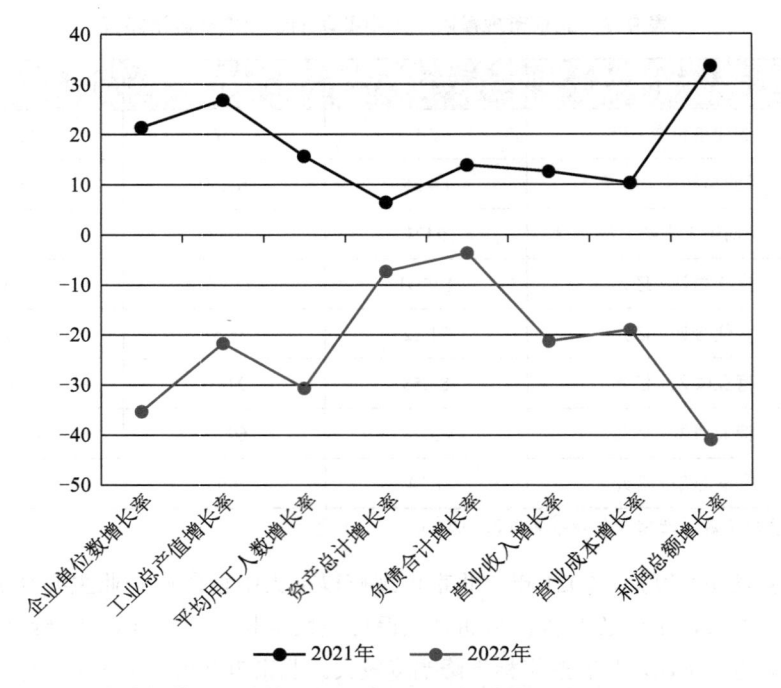

图 9-4　北京市规模以上大中型印刷企业主要经济指标增长率变化趋势（%）

第 10 章　山东省印刷业发展状况分析

截至 2022 年底,山东省有各类印刷企业 9682 家,通过绿色印刷认证的企业 139 家,实现重大主题出版物、中小学教材、食药品包装绿色印刷全覆盖。规模以上重点印刷企业 352 家。工业总产值占全部印刷业总产值的 67.5%,全省印刷产业集聚效应明显,印刷业高质量发展态势向好。

2022 年,山东省印刷业积极学习贯彻党的二十大精神,紧抓印刷业发展机遇期,推动印刷业高质量发展。山东省印刷业突出示范引领、突出智能创新、突出绿色发展、突出优化产业布局,其发展再上新台阶。

10.1　山东省规模以上印刷企业指标分析

从表 10-1 可知,截至 2022 年底,山东省规模以上印刷企业共 367 家,资产总计 323.57 亿元,负债合计 196.10 亿元,平均用工 3.92 万人。2022 年实现营业收入 336.93 亿元,利润总额 12.18 亿元。

表 10-1　山东省规模以上印刷企业主要经济指标

指标	2020 年	2021 年	2022 年
企业单位数/个	305	343	367
平均用工人数/万人	3.35	3.63	3.92
资产总计/亿元	258.27	286.69	323.57
负债合计/亿元	142.41	166.60	196.10
营业收入/亿元	234.94	294.09	336.93
营业成本/亿元	199.35	250.83	288.47
利润总额/亿元	10.48	11.20	12.18

资料来源：山东省统计年鉴 2021—2023。

从表 10-2 可知，2021—2022 年，山东省规模以上印刷企业主要经济指标增长率均为正数，印刷企业经受住了新型冠状病毒感染疫情的不利冲击，实现逆势增长，表现出了山东省印刷业发展的韧性。山东省规模以上印刷企业主要经济指标增长率变化趋势如图 10-1 所示。

表 10-2　山东省规模以上印刷企业主要经济指标增长率　　　单位：%

指标	2021 年	2022 年
企业单位数增长率	12.5	7.0
平均用工人数增长率	8.4	8.0
资产总计增长率	11.0	12.9
负债合计增长率	17.0	17.7
营业收入增长率	25.2	14.6
营业成本增长率	25.8	15.0
利润总额增长率	6.9	8.8

资料来源：根据山东省统计年鉴 2021—2023 数据计算。

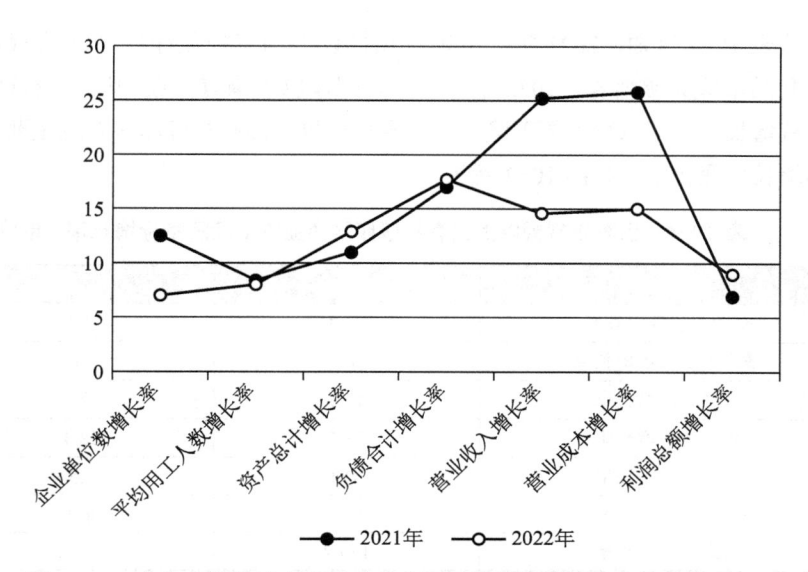

图 10-1　山东省规模以上印刷企业主要经济指标增长率变化趋势（%）

10.2　山东省规模以上国有控股印刷企业指标分析

从表 10-3 可知，截至 2022 年底，山东省规模以上国有控股印刷企业共 18 家，资产总计 42.33 亿元，负债合计 21.10 亿元，平均用工 0.46 万人。2022 年实现营业收入 28.71 亿元，利润总额 0.50 亿元。

表 10-3　山东省规模以上国有控股印刷企业主要经济指标

指标	2020 年	2021 年	2022 年
企业单位数 / 个	19	18	18
平均用工人数 / 万人	0.46	0.43	0.46
资产总计 / 亿元	30.67	34.51	42.33
负债合计 / 亿元	13.28	16.43	21.10
营业收入 / 亿元	17.49	28.01	28.71
营业成本 / 亿元	13.44	21.32	22.17
利润总额 / 亿元	0.97	2.32	0.50

资料来源：山东省统计年鉴 2021—2023。

从表10-4可知，2021年，山东省规模以上国有控股印刷企业的营业收入、利润总额大幅增长。2022年，山东省规模以上国有控股印刷企业营业收入略有增长，利润总额大幅下降。山东省规模以上国有控股印刷企业主要经济指标增长率变化趋势如图10-2所示。

表10-4　山东省规模以上国有控股印刷企业主要经济指标增长率　单位：%

指标	2021年	2022年
企业单位数增长率	-5.3	0.0
平均用工人数增长率	-6.5	7.0
资产总计增长率	12.5	22.7
负债合计增长率	23.7	28.4
营业收入增长率	60.1	2.5
营业成本增长率	58.6	4.0
利润总额增长率	139.2	-78.4

资料来源：根据山东省统计年鉴2021—2023数据计算。

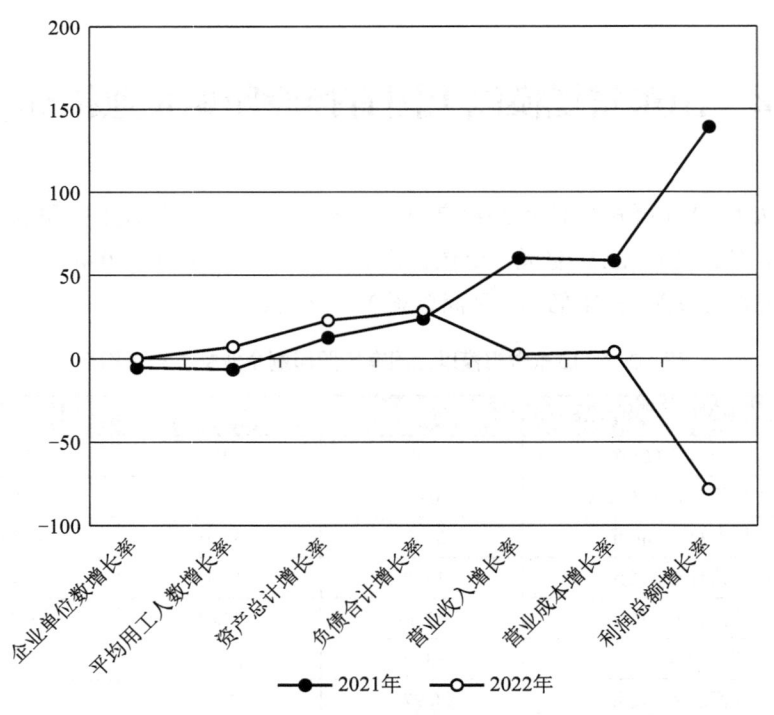

图10-2　山东省规模以上国有控股印刷企业主要经济指标增长率变化趋势（%）

10.3 山东省规模以上港澳台及外商投资印刷企业指标分析

从表10-5可知，截至2022年底，山东省规模以上港澳台及外商投资印刷企业共24家，资产总计45.31亿元，负债合计24.55亿元，平均用工0.54万人。2022年实现营业收入52.16亿元，利润总额2.82亿元。

表10-5　山东省规模以上港澳台及外商投资印刷企业主要经济指标

指标	2020年	2021年	2022年
企业单位数/个	26	27	24
平均用工人数/万人	0.50	0.55	0.54
资产总计/亿元	45.27	51.65	45.31
负债合计/亿元	22.11	24.70	24.55
营业收入/亿元	42.08	54.40	52.16
营业成本/亿元	33.46	45.60	43.72
利润总额/亿元	2.98	2.73	2.82

资料来源：山东省统计年鉴2021—2023。

从表10-6可知，2021年，山东省规模以上港澳台及外商投资印刷企业除利润总额下降外其他指标均有所增长。2022年则正好相反，除利润总额增长外，其他指标增长率均为负数。山东省规模以上港澳台及外商投资印刷企业主要经济指标增长率变化趋势如图10-3所示。

表10-6　山东省规模以上港澳台及外商投资印刷企业主要经济指标增长率　单位：%

指标	2021年	2022年
企业单位数增长率	3.8	-11.1
平均用工人数增长率	10.0	-1.8
资产总计增长率	14.1	-12.3
负债合计增长率	11.7	-0.6
营业收入增长率	29.3	-4.1

（续表）

指标	2021年	2022年
营业成本增长率	36.3	-4.1
利润总额增长率	-8.4	3.3

资料来源：根据山东省统计年鉴2021—2023数据计算。

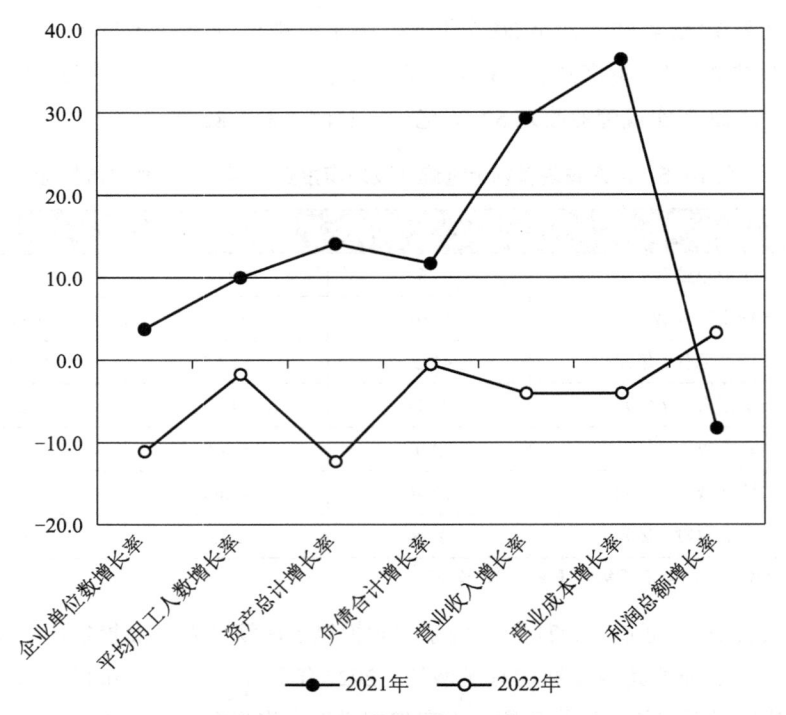

图10-3 山东省规模以上港澳台及外商投资印刷企业主要经济指标增长率变化趋势（%）

10.4 山东省规模以上私营印刷企业指标分析

从表10-7可知，截至2022年底，山东省规模以上私营印刷企业共343家，资产总计270.87亿元，负债合计167.91亿元，平均用工3.30万人。2022

年实现营业收入 300.14 亿元，利润总额 9.91 亿元。

表 10-7　山东省规模以上私营印刷企业主要经济指标

指标	2020 年	2021 年	2022 年
企业单位数 / 个	283	319	343
平均用工人数 / 万人	2.84	3.08	3.30
资产总计 / 亿元	225.10	244.08	270.87
负债合计 / 亿元	127.36	144.77	167.91
营业收入 / 亿元	213.35	258.57	300.14
营业成本 / 亿元	182.19	223.25	259.45
利润总额 / 亿元	9.44	8.38	9.91

资料来源：山东省统计年鉴 2021—2023。

从表 10-8 可知，2021 年，山东省规模以上私营印刷企业主要经济指标中，利润总额下降 11.2%，其他指标均有较大增长。2022 年，山东省规模以上私营印刷企业主要经济指标均较快增长。山东省规模以上私营印刷企业主要经济指标增长率变化趋势如图 10-4 所示。

表 10-8　山东省规模以上私营印刷企业主要经济指标增长率　　单位：%

指标	2021 年	2022 年
企业单位数增长率	12.7	7.5
平均用工人数增长率	8.5	7.1
资产总计增长率	8.4	11.0
负债合计增长率	13.7	16.0
营业收入增长率	21.2	16.1
营业成本增长率	22.5	16.2
利润总额增长率	−11.2	18.3

资料来源：根据山东省统计年鉴 2021—2023 数据计算。

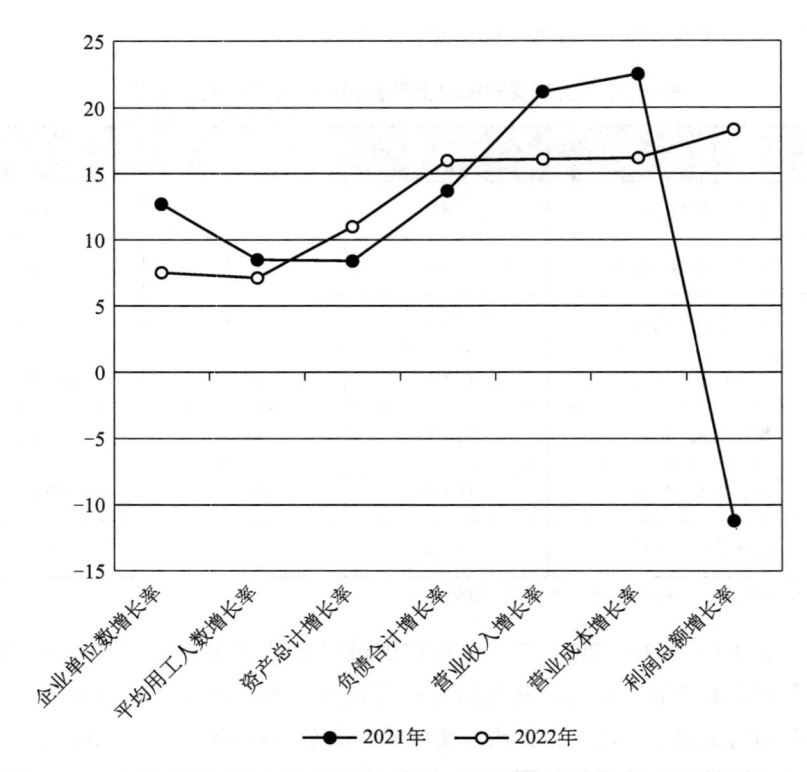

图10-4　山东省规模以上私营印刷企业主要经济指标增长率变化趋势（%）

第 11 章　河南省印刷业发展状况分析

截至 2022 年底，河南省印刷业资产总额为 419.09 亿元，实现营业收入 371.61 亿元，工业总产值 362.93 亿元，利润总额 19.33 亿元，从业人员 6.04 万人。规模以上重点印刷企业的资产总额为 232.54 亿元，占全行业的 55.5%；销售收入 247.57 亿元，占全行业的 66.0%；工业总产值 238.26 亿元，占全行业的 65.7%；利润总额 17.79 亿元，占全行业的 92.0%。

河南省印刷业聚焦绿色化、数字化、智能化、融合化发展方向，努力解决印刷业发展不平衡不充分的问题，不断提高印刷供给质量水平，推动印刷业从规模速度型向质量效益型转变，由传统业态向新兴业态升级。

11.1　河南省规模以上印刷企业指标分析

从表 11-1 可知，截至 2022 年底，河南省规模以上印刷企业共 266 家，资产总计 200.02 亿元，负债合计 101.82 亿元，平均用工 2.96 万人。2022 年实现营业收入 189.43 亿元，利润总额 8.10 亿元。

表 11-1　河南省规模以上印刷企业主要经济指标

指标	2018 年	2019 年	2020 年	2021 年	2022 年
企业单位数 / 个	275	240	244	259	266
平均用工人数 / 万人	5.16	4.27	3.29	3.26	2.96
资产总计 / 亿元	245.99	259.87	213.95	229.02	200.02
负债合计 / 亿元	103.18	99.34	94.76	98.11	101.82
营业收入 / 亿元	229.18	272.66	262.29	287.26	189.43
营业成本 / 亿元	188.67	228.37	217.92	246.52	161.94
利润总额 / 亿元	22.50	23.27	18.77	15.92	8.10

资料来源：河南省统计年鉴2019—2023。

从表 11-2 可知，2019 年，河南省规模以上印刷企业的企业单位数、平均用工人数下降，营业收入有较大增长，利润总额增长 3.4%。2020 年，除企业单位数增长外，其他主要经济指标均下降，利润总额下降 19.3%。2021 年，主要经济指标整体较 2020 年有所提升，利润总额依然下降 15.2%。而在 2022 年，营业收入、营业成本、利润总额均出现大幅度下降。河南省规模以上印刷企业主要经济指标增长率变化趋势如图 11-1 所示。

表 11-2　河南省规模以上印刷企业主要经济指标增长率　　　单位：%

指标	2019 年	2020 年	2021 年	2022 年
企业单位数增长率	-12.7	1.7	6.1	2.7
平均用工人数增长率	-17.2	-23.0	-0.9	-9.2
资产总计增长率	5.6	-17.7	7.0	-12.7
负债合计增长率	-3.7	-4.6	3.5	3.8
营业收入增长率	19.0	-3.8	9.5	-34.1
营业成本增长率	21.0	-4.6	13.1	-34.3
利润总额增长率	3.4	-19.3	-15.2	-49.1

资料来源：根据河南省统计年鉴2019—2023数据计算。

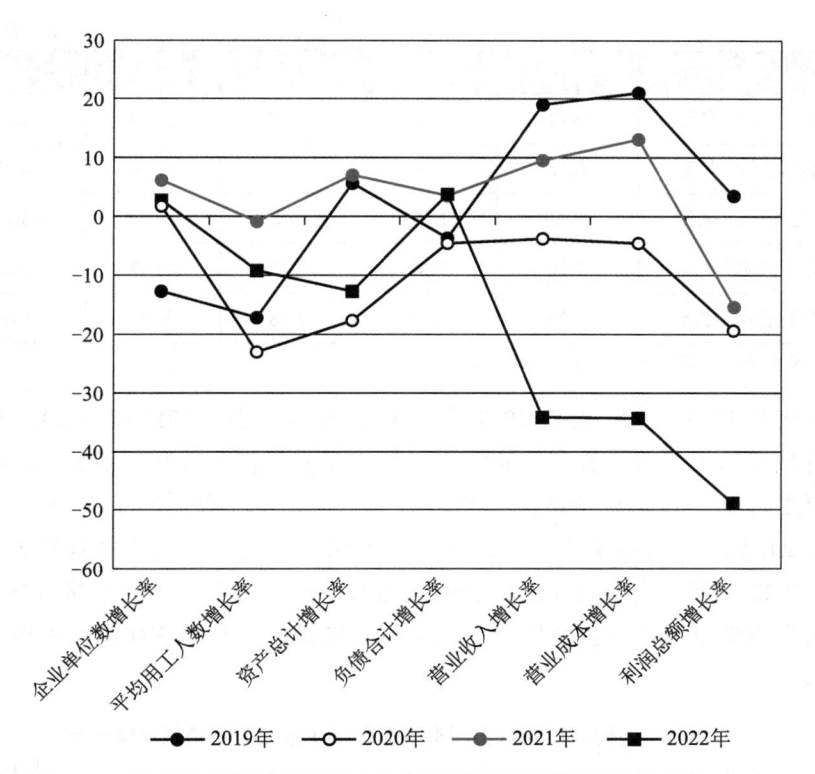

图 11-1　河南省规模以上印刷企业主要经济指标增长率变化趋势（%）

11.2　河南省规模以上国有控股印刷企业指标分析

从表 11-3 可知，截至 2022 年底，河南省规模以上国有控股印刷企业共 9 家，资产总计 32.14 亿元，负债合计 14.92 亿元，平均用工 0.23 万人。2022 年实现营业收入 23.71 亿元，利润总额 0.99 亿元。

表 11-3　河南省规模以上国有控股印刷企业主要经济指标

指标	2018 年	2019 年	2020 年	2021 年	2022 年
企业单位数 / 个	8	7	8	9	9
平均用工人数 / 万人	0.25	0.27	0.28	0.23	0.23

（续表）

指标	2018年	2019年	2020年	2021年	2022年
资产总计/亿元	18.00	21.33	25.80	28.40	32.14
负债合计/亿元	6.77	7.71	9.64	11.66	14.92
营业收入/亿元	11.69	13.58	16.73	18.90	23.71
营业成本/亿元	9.16	10.66	12.90	15.12	19.58
利润总额/亿元	1.06	1.11	1.38	0.98	0.99

资料来源：河南省统计年鉴2019—2023。

从表11-4可知，除2019年企业单位数减少外，2019年和2020年河南省规模以上国有控股印刷企业主要经济指标保持了较高的增长，2020年在新型冠状病毒感染疫情的不利影响下，营业收入增长23.2%，利润总额增长24.3%，实现逆势上涨。2021年平均用工人数和利润总额有较大的下降，2022年营业收入相比上年有较大增长，利润总额相比上年略有增长。河南省规模以上国有控股印刷企业主要经济指标增长率变化趋势如图11-2所示。

表11-4 河南省规模以上国有控股印刷企业主要经济指标增长率

单位：%

指标	2019年	2020年	2021年	2022年
企业单位数增长率	-12.5	14.3	12.5	0.0
平均用工人数增长率	8.0	3.7	-17.9	0.0
资产总计增长率	18.5	21.0	10.1	13.2
负债合计增长率	13.9	25.0	21.0	28.0
营业收入增长率	16.2	23.2	13.0	25.4
营业成本增长率	16.4	21.0	17.2	29.5
利润总额增长率	4.7	24.3	-29.0	1.0

资料来源：根据河南省统计年鉴2019—2023数据计算。

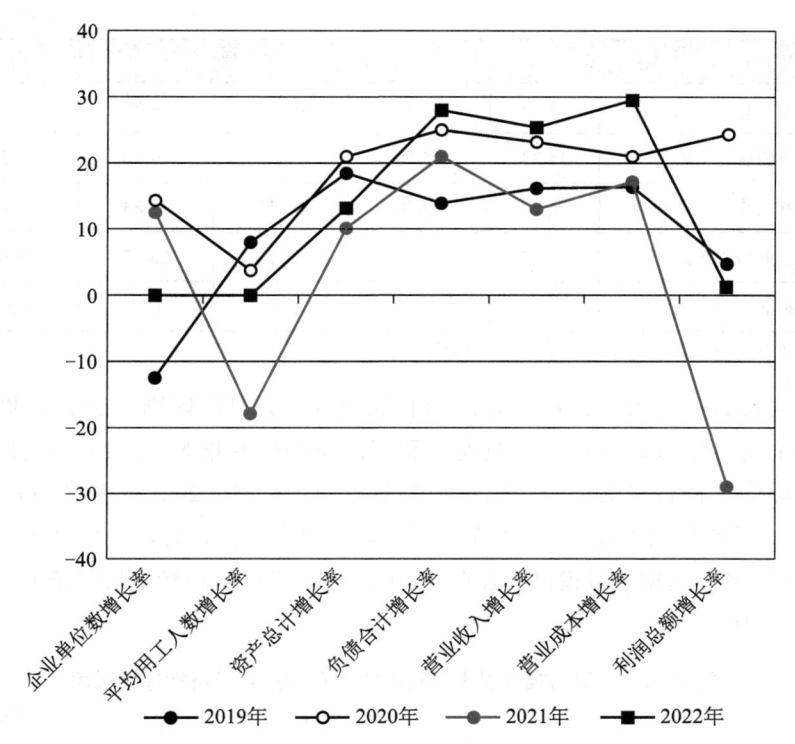

图 11-2　河南省规模以上国有控股印刷企业主要经济指标增长率变化趋势（%）

11.3　河南省规模以上公有制印刷企业指标分析

从表 11-5 可知，截至 2022 年底，河南省规模以上公有制印刷企业共 18 家，资产总计 45.17 亿元，负债合计 20.37 亿元，平均用工 0.37 万人。2022 年实现营业收入 35.65 亿元，利润总额 1.53 亿元。

表 11-5　河南省规模以上公有制印刷企业主要经济指标

指标	2018 年	2019 年	2020 年	2021 年	2022 年
企业单位数 / 个	22	17	20	21	18
平均用工人数 / 万人	0.55	0.48	0.50	0.44	0.37

（续表）

指标	2018年	2019年	2020年	2021年	2022年
资产总计/亿元	33.27	34.91	40.55	44.72	45.17
负债合计/亿元	16.23	15.20	16.72	19.40	20.37
营业收入/亿元	26.19	28.78	33.11	35.83	35.65
营业成本/亿元	21.13	23.16	25.74	28.52	29.06
利润总额/亿元	1.78	1.91	2.44	1.77	1.53

资料来源：河南省统计年鉴2019—2023。

从表11-6可知，2019年，河南省规模以上公有制印刷企业的企业单位数和平均用工人数下降，营业收入和利润总额保持增长。2020年，主要经济指标均保持较快的增长，规模和效益进一步提升。2021年资产总计增长10.3%，平均用工人数、利润总额均下降，2022年资产总计、负债合计、营业成本均增长。河南省规模以上公有制印刷企业主要经济指标增长率变化趋势如图11-3所示。

表11-6 河南省规模以上公有制印刷企业主要经济指标增长率

单位：%

指标	2019年	2020年	2021年	2022年
企业单位数增长率	-22.7	17.6	5.0	-1.5
平均用工人数增长率	-12.7	4.2	-12.0	-15.9
资产总计增长率	4.9	16.2	10.3	1.0
负债合计增长率	-6.3	10.0	16.0	5.0
营业收入增长率	9.9	15.0	8.2	-0.5
营业成本增长率	9.6	11.1	10.8	1.9
利润总额增长率	7.3	27.7	-27.4	-13.6

资料来源：根据河南省统计年鉴2019—2023数据计算。

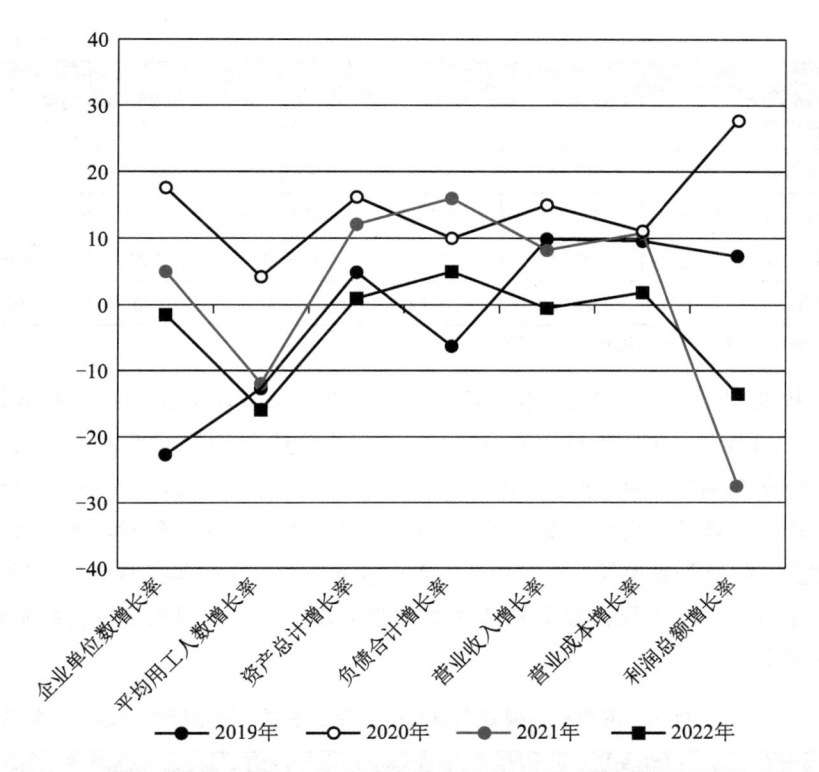

图 11-3　河南省规模以上公有制印刷企业主要经济指标增长率变化趋势（%）

11.4　河南省规模以上私营印刷企业指标分析

从表 11-7 可知，截至 2022 年底，河南省规模以上私营印刷企业共 218 家，资产总计 101.47 亿元，负债合计 50.85 亿元，平均用工 1.98 万人。2022 年实现营业收入 113.26 亿元，利润总额 3.92 亿元。

表 11-7　河南省规模以上私营印刷企业主要经济指标

指标	2018 年	2019 年	2020 年	2021 年	2022 年
企业单位数 / 个	162	144	189	209	218
平均用工人数 / 万人	2.47	2.28	2.08	2.26	1.98

（续表）

指标	2018年	2019年	2020年	2021年	2022年
资产总计/亿元	118.26	118.64	107.96	126.28	101.47
负债合计/亿元	47.55	45.84	42.27	48.02	50.85
营业收入/亿元	113.80	135.40	175.60	192.76	113.26
营业成本/亿元	92.11	114.29	149.59	167.25	98.86
利润总额/亿元	13.23	10.81	10.53	10.90	3.92

资料来源：河南省统计年鉴2019—2023。

从表11-8可知，2019年，河南省规模以上私营印刷企业营业收入增长19.0%，利润总额下降18.3%。2020年，企业单位数和营业收入均有较大增长，但利润总额下降2.6%。2021年，河南省规模以上私营印刷企业主要经济指标均实现增长。而至2022年，规模以上私营印刷企业的数量增加并没有给整体资产收益带来增长，资产总计、营业收入、利润总额等指标均呈现较大幅度的下降。河南省规模以上私营印刷企业主要经济指标增长率变化趋势如图11-4所示。

表11-8　河南省规模以上私营印刷企业主要经济指标增长率　　单位：%

指标	2019年	2020年	2021年	2022年
企业单位数增长率	-11.1	31.3	10.6	4.3
平均用工人数增长率	-7.7	-8.8	8.7	-12.4
资产总计增长率	0.3	-9.0	17.0	-19.6
负债合计增长率	-3.6	-7.8	13.6	5.9
营业收入增长率	19.0	29.7	9.8	-41.2
营业成本增长率	24.1	30.9	11.8	-40.9
利润总额增长率	-18.3	-2.6	3.5	-64.0

资料来源：根据河南省统计年鉴2019—2023数据计算。

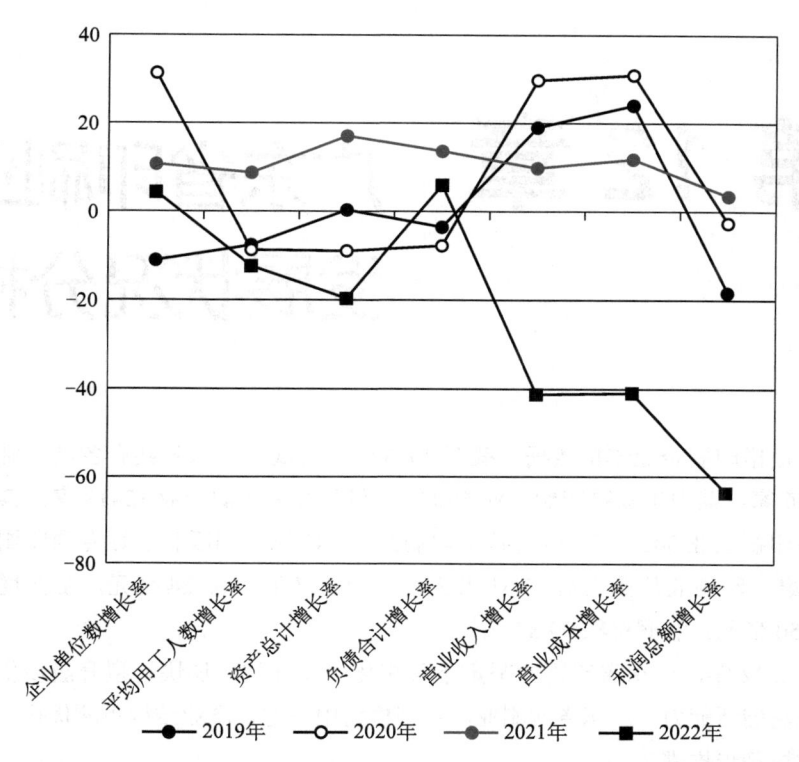

图 11-4　河南省规模以上私营印刷企业主要经济指标增长率变化趋势（%）

第 12 章　广东省印刷业发展状况分析

根据印刷企业年检数据，截至 2023 年 5 月底，广东省共有各类印刷企业 16836 家，其中出版物印刷企业 580 家，包装装潢印刷企业 12418 家，其他印刷品印刷企业 3435 家，专营数字印刷企业 245 家，制版和装订专项印刷企业 158 家。印刷业从业人员 53.51 万人，工业总产值 2905.24 亿元，工业增加值 700.50 亿元，利润总额 99.87 亿元。

2022 年，广东省印刷业坚定不移深化改革开放，加快转型升级步伐，不断提高创新能力。广东省印刷业产业规模稳中有进，产业结构不断优化，高质量发展稳步推进。

12.1　广东省规模以上印刷企业指标分析

从表 12-1 可知，截至 2022 年底，广东省规模以上印刷企业共 1213 家，资产总计 1591.42 亿元，平均用工 20.07 万人。2022 年实现营业收入 1421.63 亿元，利润总额 100.31 亿元，工业总产值 1438.37 亿元，工业增加值 361.00 亿元。

表 12-1　广东省规模以上印刷企业主要经济指标

指标	2018 年	2019 年	2020 年	2021 年	2022 年
企业单位数 / 个	945	1069	1099	1187	1213
工业总产值 / 亿元	1230.32	1366.79	1319.52	1471.81	1438.37
工业增加值 / 亿元	322.64	356.87	336.47	360.85	361.00
平均用工人数 / 万人	21.19	21.57	20.44	21.03	20.07
资产总计 / 亿元	1077.89	1238.31	1369.84	1457.87	1591.42
营业收入 / 亿元	1183.29	1342.79	1296.52	1442.94	1421.63
营业成本 / 亿元	996.85	1113.20	1082.27	1206.74	1185.14
利润总额 / 亿元	72.85	80.57	77.06	77.38	100.31

资料来源：广东省统计年鉴2019—2023。

从表12-2可知，2019年，广东省规模以上印刷企业主要经济指标保持较快增长，2020年，除企业单位数和资产总计增长外，其他指标均下降。2021年，各指标均实现增长，至2022年，营业收入下降1.5%，而利润总额较2021年增长29.6%。广东省规模以上印刷企业主要经济指标增长率变化趋势如图12-1所示。

表 12-2　广东省规模以上印刷企业主要经济指标增长率　　　　单位：%

指标	2019 年	2020 年	2021 年	2022 年
企业单位数增长率	13.1	2.8	8.0	2.2
工业总产值增长率	11.1	-3.5	11.5	-2.3
工业增加值增长率	10.6	-5.7	7.2	0.0
平均用工人数增长率	1.8	-5.2	2.9	-4.6
资产总计增长率	14.9	10.6	6.4	9.2
营业收入增长率	13.5	-3.4	11.3	-1.5
营业成本增长率	11.7	-2.8	11.5	-1.8
利润总额增长率	10.6	-4.4	0.4	29.6

资料来源：根据广东省统计年鉴2019—2023数据计算。

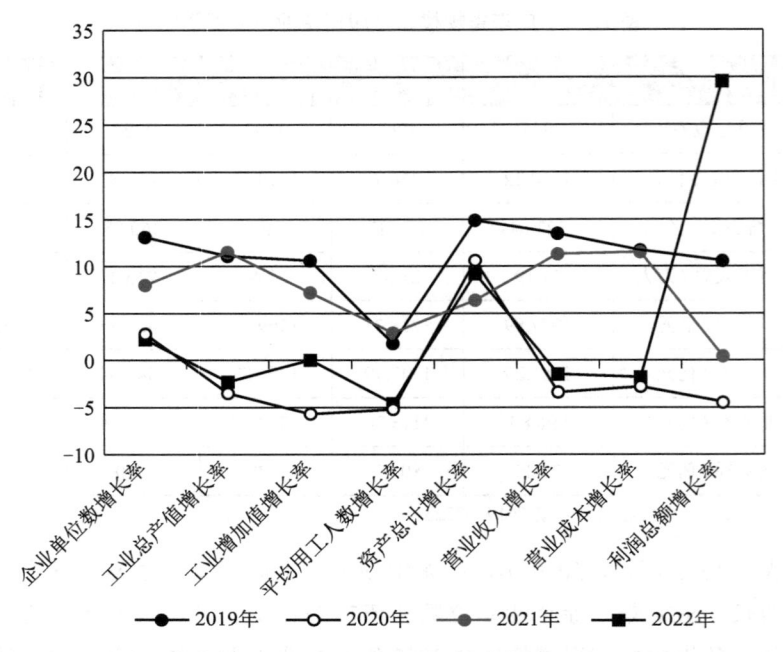

图 12-1　广东省规模以上印刷企业主要经济指标增长率变化趋势（%）

12.2　广东省规模以上国有控股印刷企业指标分析

从表 12-3 可知，截至 2022 年底，广东省规模以上国有控股印刷企业共 26 家，资产总计 223.42 亿元，平均用工 0.61 万人。2022 年实现营业收入 44.29 亿元，利润总额 4.63 亿元，工业总产值 38.63 亿元，工业增加值 17.17 亿元。

表 12-3　广东省规模以上国有控股印刷企业主要经济指标

指标	2018 年	2019 年	2020 年	2021 年	2022 年
企业单位数 / 个	22	20	21	24	26
工业总产值 / 亿元	29.06	20.35	28.63	29.93	38.63

（续表）

指标	2018 年	2019 年	2020 年	2021 年	2022 年
工业增加值 / 亿元	7.21	7.90	9.26	11.52	17.17
平均用工人数 / 万人	0.50	0.40	0.49	0.53	0.61
资产总计 / 亿元	39.83	31.40	114.99	137.59	223.42
营业收入 / 亿元	31.89	24.59	34.55	36.33	44.29
营业成本 / 亿元	26.67	19.43	28.45	28.61	34.16
利润总额 / 亿元	1.51	2.39	3.40	4.26	4.63

资料来源：广东省统计年鉴2019—2023。

从表 12-4 可知，2019 年，广东省规模以上国有控股印刷企业工业总产值下降而增加值增长，营业收入下降而利润总额大幅增长。在此之后的 2020 年、2021 年、2022 年，各项主要经济指标均实现较快增长。广东省规模以上国有控股印刷企业主要经济指标增长率变化趋势如图 12-2 所示。

表 12-4　广东省规模以上国有控股印刷企业主要经济指标增长率　单位：%

指标	2019 年	2020 年	2021 年	2022 年
企业单位数增长率	-9.1	5.0	14.3	8.3
工业总产值增长率	-30.0	40.7	4.5	29.1
工业增加值增长率	9.6	17.2	24.4	49.0
平均用工人数增长率	-20.0	22.5	8.2	15.1
资产总计增长率	-21.2	266.2	19.7	62.4
营业收入增长率	-22.9	40.5	5.2	21.9
营业成本增长率	-27.1	46.4	0.6	19.4
利润总额增长率	58.3	42.3	25.3	8.7

资料来源：根据广东省统计年鉴2019—2023数据计算。

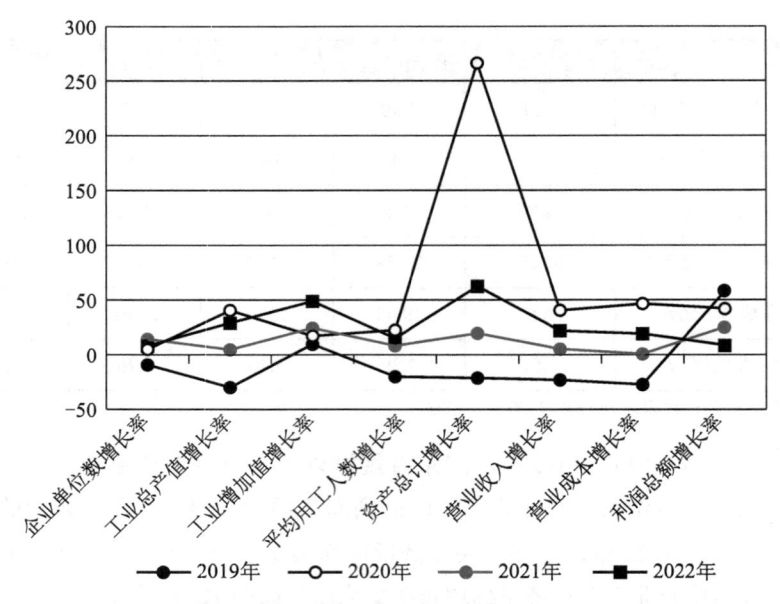

图 12-2　广东省规模以上国有控股印刷企业主要经济指标增长率变化趋势（%）

12.3　广东省规模以上股份制印刷企业指标分析

从表 12-5 可知，截至 2022 年底，广东省规模以上股份制印刷企业共 938 家，资产总计 933.82 亿元，平均用工 11.06 万人。2022 年实现营业收入 907.74 亿元，利润总额 46.25 亿元，工业总产值 930.18 亿元，工业增加值 205.08 亿元。

表 12-5　广东省规模以上股份制印刷企业主要经济指标

指标	2018 年	2019 年	2020 年	2021 年	2022 年
企业单位数 / 个	651	797	820	910	938
工业总产值 / 亿元	719.73	816.60	832.78	963.26	930.18
工业增加值 / 亿元	181.72	197.05	195.31	215.87	205.08

（续表）

指标	2018 年	2019 年	2020 年	2021 年	2022 年
平均用工人数 / 万人	9.75	10.74	10.75	11.48	11.06
资产总计 / 亿元	574.67	679.17	801.75	860.97	933.82
营业收入 / 亿元	689.34	800.98	826.59	939.12	907.74
营业成本 / 亿元	586.39	669.54	697.47	793.16	764.75
利润总额 / 亿元	41.76	46.19	53.50	46.31	46.25

资料来源：广东省统计年鉴 2019—2023。

从表 12-6 可知，2019 年，广东省规模以上股份制印刷企业主要经济指标增长率均为正数，2020 年，除工业增加值略有下降外，其余指标均增长，利润总额增长了 15.8%。2021 年，除利润总额出现明显下降外，其余指标均有较快增长。而至 2022 年，尽管企业单位数和资产总计有所增长，但其余指标均下降。广东省规模以上股份制印刷企业主要经济指标增长率变化趋势如图 12-3 所示。

表 12-6　广东省规模以上股份制印刷企业主要经济指标增长率　　单位：%

指标	2019 年	2020 年	2021 年	2022 年
企业单位数增长率	22.4	2.9	11.0	3.1
工业总产值增长率	13.5	2.0	15.7	-3.4
工业增加值增长率	8.4	-0.9	10.5	-5.0
平均用工人数增长率	10.2	0.1	6.8	-3.7
资产总计增长率	18.2	18.0	7.4	8.5
营业收入增长率	16.2	3.2	13.6	-3.3
营业成本增长率	14.2	4.2	13.7	-3.6
利润总额增长率	10.6	15.8	-13.4	-0.1

资料来源：根据广东省统计年鉴 2019—2023 数据计算。

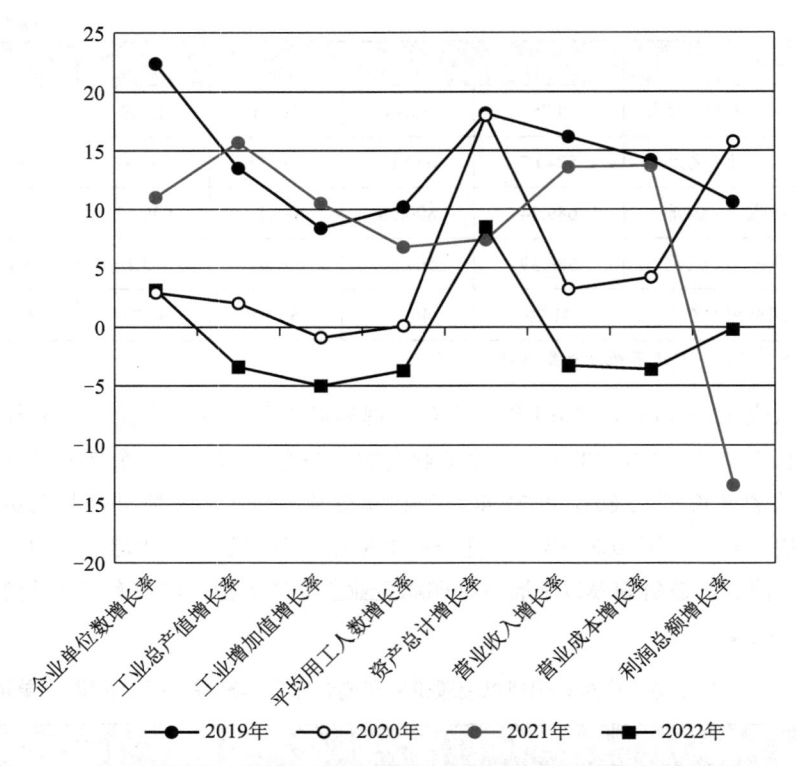

图 12-3　广东省规模以上股份制印刷企业主要经济指标增长率变化趋势（%）

12.4　广东省规模以上"三资"印刷企业指标分析

从表 12-7 可知，截至 2022 年底，广东省规模以上"三资"印刷企业共 202 家，资产总计 591.57 亿元，平均用工 8.47 万人。2022 年实现营业收入 449.16 亿元，利润总额 50.76 亿元，工业总产值 441.51 亿元，工业增加值 138.54 亿元。

表 12-7　广东省规模以上"三资"印刷企业主要经济指标

指标	2018 年	2019 年	2020 年	2021 年	2022 年
企业单位数 / 个	217	210	211	207	202
工业总产值 / 亿元	449.31	494.23	434.77	455.56	441.51
工业增加值 / 亿元	124.95	149.78	131.18	134.23	138.54
平均用工人数 / 万人	10.80	10.36	9.23	9.04	8.47
资产总计 / 亿元	476.56	540.34	524.67	571.17	591.57
营业收入 / 亿元	433.20	487.03	419.81	453.35	449.16
营业成本 / 亿元	358.68	396.14	341.23	370.49	367.56
利润总额 / 亿元	27.08	31.22	21.02	28.59	50.76

资料来源：广东省统计年鉴 2019—2023。

从表 12-8 可知，2019 年，广东省规模以上"三资"印刷企业的企业单位数和平均用工人数下降，其他主要经济指标保持增长，2020 年，除企业单位数略有增长外，其余指标均下降，利润总额下降了 32.7%。在之后的 2021 年和 2022 年，利润总额均呈大幅增长。广东省规模以上"三资"印刷企业主要经济指标增长率变化趋势如图 12-4 所示。

表 12-8　广东省规模以上"三资"印刷企业主要经济指标增长率　单位：%

指标	2019 年	2020 年	2021 年	2022 年
企业单位数增长率	-3.2	0.5	-1.9	-2.4
工业总产值增长率	10.0	-12.0	4.8	-3.1
工业增加值增长率	19.9	-12.4	2.3	3.2
平均用工人数增长率	-4.1	-10.9	-2.1	-6.3
资产总计增长率	13.4	-2.9	8.9	3.6
营业收入增长率	12.4	-13.8	8.0	-0.9
营业成本增长率	10.4	-13.9	8.6	-0.8
利润总额增长率	15.3	-32.7	36.0	77.5

资料来源：根据广东省统计年鉴 2019—2023 数据计算。

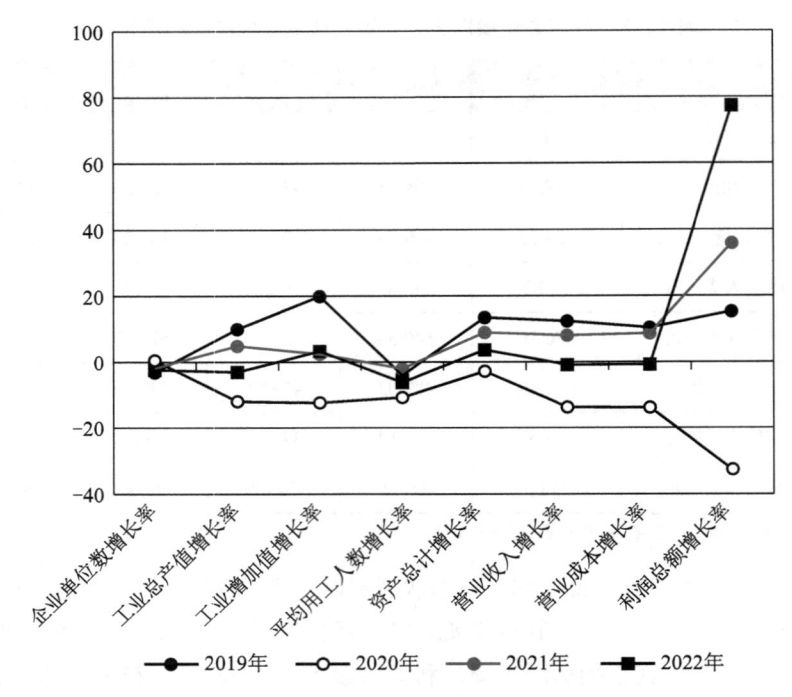

图 12-4　广东省规模以上"三资"印刷企业主要经济指标增长率变化趋势（%）

12.5　广东省规模以上私营印刷企业指标分析

从表 12-9 可知，截至 2022 年底，广东省规模以上私营印刷企业共 861 家，资产总计 505.29 亿元，平均用工 9.06 万人。2022 年实现营业收入 766.35 亿元，利润总额 35.99 亿元，工业总产值 785.61 亿元，工业增加值 166.72 亿元。

表 12-9　广东省规模以上私营印刷企业主要经济指标

指标	2018 年	2019 年	2020 年	2021 年	2022 年
企业单位数/个	428	632	746	838	861

（续表）

指标	2018 年	2019 年	2020 年	2021 年	2022 年
工业总产值 / 亿元	387.03	555.82	672.60	829.35	785.61
工业增加值 / 亿元	99.16	125.12	149.03	179.04	166.72
平均用工人数 / 万人	5.29	7.43	8.32	9.67	9.06
资产总计 / 亿元	224.92	332.44	414.35	528.41	505.29
营业收入 / 亿元	376.15	545.09	659.45	801.78	766.35
营业成本 / 亿元	325.82	465.68	567.39	683.24	651.58
利润总额 / 亿元	17.40	25.87	30.75	38.81	35.99

资料来源：广东省统计年鉴 2019—2023。

从表 12-10 可知，2019 年、2020 年和 2021 年，广东省规模以上私营印刷企业主要经济指标增长率均为正数，且增长率较高。而至 2022 年，除企业单位数有小幅增长外，其余经济指标均下降。广东省规模以上私营印刷企业主要经济指标增长率变化趋势如图 12-5 所示。

表 12-10　广东省规模以上私营印刷企业主要经济指标增长率　　单位：%

指标	2019 年	2020 年	2021 年	2022 年
企业单位数增长率	47.7	18.0	12.3	2.7
工业总产值增长率	43.6	21.0	23.3	-5.3
工业增加值增长率	26.2	19.1	20.1	-6.9
平均用工人数增长率	40.5	12.0	16.2	-6.3
资产总计增长率	47.8	24.6	27.5	-4.4
营业收入增长率	44.9	21.0	21.6	-4.4
营业成本增长率	42.9	21.8	20.4	-4.6
利润总额增长率	48.7	18.9	26.2	-7.3

资料来源：根据广东省统计年鉴 2019—2023 数据计算。

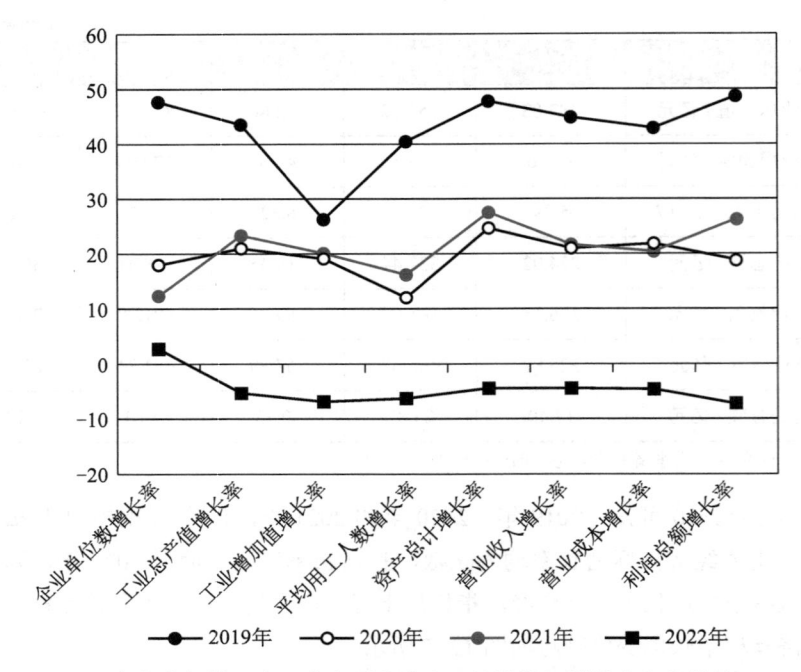

图 12-5　广东省规模以上私营印刷企业主要经济指标增长率变化趋势（%）

12.6　广东省规模以上大中型印刷企业指标分析

从表 12-11 可知，截至 2022 年底，广东省规模以上大中型印刷企业共 136 家，资产总计 960.85 亿元，平均用工 10.79 万人。2022 年实现营业收入 777.42 亿元，利润总额 66.64 亿元，工业总产值 782.71 亿元，工业增加值 218.03 亿元。

表 12-11　广东省规模以上大中型印刷企业主要经济指标

指标	2018 年	2019 年	2020 年	2021 年	2022 年
企业单位数 / 个	179	145	146	147	136
工业总产值 / 亿元	656.16	727.23	738.53	800.96	782.71

（续表）

指标	2018 年	2019 年	2020 年	2021 年	2022 年
工业增加值 / 亿元	168.51	207.05	200.98	206.68	218.03
平均用工人数 / 万人	13.73	12.81	12.05	11.95	10.79
资产总计 / 亿元	679.24	771.86	863.29	846.56	960.85
营业收入 / 亿元	622.27	705.47	719.23	786.85	777.42
营业成本 / 亿元	510.74	567.29	584.16	648.50	639.74
利润总额 / 亿元	46.24	52.53	57.46	51.10	66.64

资料来源：广东省统计年鉴 2019—2023。

从表 12-12 可知，2019 年，广东省规模以上大中型印刷企业的企业单位数和平均用工人数下降，其他主要经济指标增长率均为正数，2020 年，工业增加值、平均用工人数下降，其余指标均增长。2021 年，利润总额下降 11.1%，2022 年，营业收入下降 1.2%，利润总额增长 30.4%。广东省规模以上大中型印刷企业主要经济指标增长率变化趋势如图 12-6 所示。

表 12-12　广东省规模以上大中型印刷企业主要经济指标增长率　单位：%

指标	2019 年	2020 年	2021 年	2022 年
企业单位数增长率	-19.0	0.7	0.7	-7.5
工业总产值增长率	10.8	1.6	8.5	-2.3
工业增加值增长率	22.9	-2.9	2.8	5.5
平均用工人数增长率	-6.7	-5.9	-0.8	-9.7
资产总计增长率	13.6	11.8	-1.9	13.5
营业收入增长率	13.4	2.0	9.4	-1.2
营业成本增长率	11.1	3.0	11.0	-1.4
利润总额增长率	13.6	9.4	-11.1	30.4

资料来源：根据广东省统计年鉴 2019—2023 数据计算。

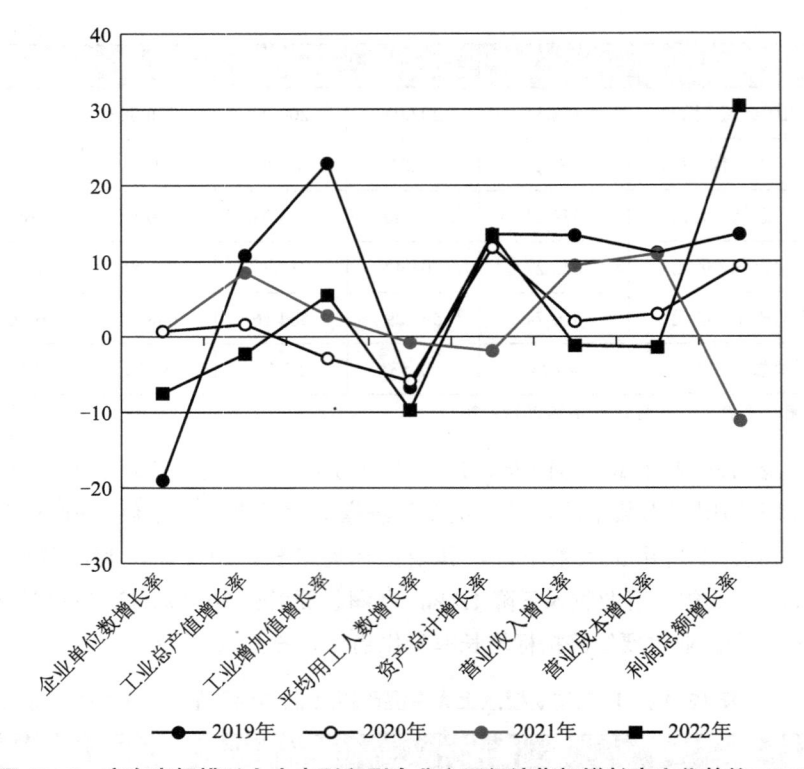

图 12-6　广东省规模以上大中型印刷企业主要经济指标增长率变化趋势（%）

第 13 章　浙江省印刷业发展状况分析

截至 2022 年底，浙江省有各类印刷企业 15682 家。其中，出版物印刷企业 398 家，包装装潢印刷企业 9485 家，其他印刷品印刷企业 5470 家，排版、制版与装订专项印刷企业 51 家，专营数字印刷企业 278 家。印刷业资产总额 2563.19 亿元，销售收入 2001.84 亿元，工业总产值 1999.85 亿元，工业增加值 314.03 亿元，利润总额 92.76 亿元，从业人员 29.75 万人。

浙江省印刷业坚持开拓创新，其服务大局能力不断提升，整体规模加快壮大，产业结构进一步优化，印刷品质量持续提高，区域特色更加凸显，产业链升级成效显著，浙江省印刷业综合实力稳居全国前列。

13.1　浙江省规模以上印刷企业指标分析

从表 13-1 可知，截至 2022 年底，浙江省规模以上印刷企业共 893 家，资产总计 865.24 亿元，平均用工 9.17 万人。2022 年实现营业收入 728.18 亿元，利润总额 35.69 亿元，工业总产值 706.03 亿元。

表 13-1　浙江省规模以上印刷企业主要经济指标

指标	2018年	2019年	2020年	2021年	2022年
企业单位数/个	603	723	747	869	893
工业总产值/亿元	447.94	500.49	515.14	675.98	706.03
平均用工人数/万人	6.89	7.51	7.57	8.61	9.17
资产总计/亿元	505.81	561.60	653.50	753.82	865.24
负债合计/亿元	281.63	314.42	354.29	404.88	460.27
营业收入/亿元	450.21	500.57	523.03	686.24	728.18
营业成本/亿元	378.45	415.54	433.98	576.06	612.15
利润总额/亿元	24.94	30.19	28.27	32.86	35.69

资料来源：浙江省统计年鉴2019—2023。

从表13-2可知，2019年，浙江省规模以上印刷企业主要经济指标保持较快增长，2020年，资产总计、负债合计指标增长较快，营业收入增长率较低，利润总额出现下滑。2021年浙江省规模以上印刷企业主要经济指标实现较快增长，2022年仍保持一定的增长。浙江省规模以上印刷企业主要经济指标增长率变化趋势如图13-1所示。

表 13-2　浙江省规模以上印刷企业主要经济指标增长率　　单位：%

指标	2019年	2020年	2021年	2022年
企业单位数增长率	19.9	3.3	16.3	2.8
工业总产值增长率	11.7	2.9	31.2	4.4
平均用工人数增长率	9.0	0.8	13.7	6.5
资产总计增长率	11.0	16.4	15.4	14.8
负债合计增长率	11.6	12.7	14.3	13.7
营业收入增长率	11.2	4.5	31.2	6.1
营业成本增长率	9.8	4.4	32.7	6.3
利润总额增长率	21.1	-6.4	16.2	8.6

资料来源：根据浙江省统计年鉴2019—2023数据计算。

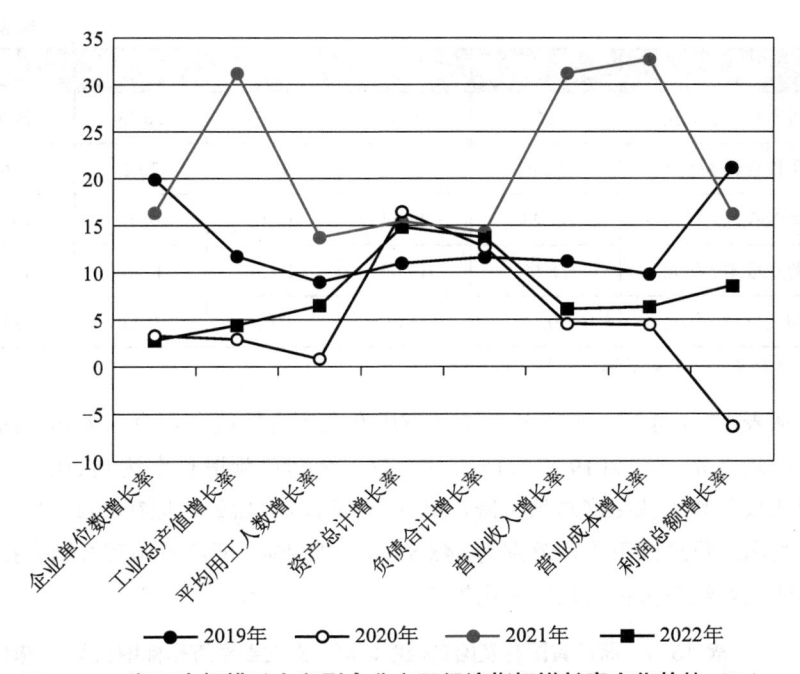

图 13-1 浙江省规模以上印刷企业主要经济指标增长率变化趋势（%）

13.2 浙江省国有及国有控股印刷企业指标分析

从 13-3 可知，截至 2022 年底，浙江省国有及国有控股印刷企业共 14 家，资产总计 20.15 亿元，平均用工 0.18 万人。2022 年实现营业收入 14.02 亿元，利润总额 0.17 亿元，工业总产值 11.79 亿元。

表 13-3 浙江省国有及国有控股印刷企业主要经济指标

指标	2018 年	2019 年	2020 年	2021 年	2022 年
企业单位数 / 个	14	14	14	14	14
工业总产值 / 亿元	14.05	14.00	11.97	12.66	11.79
平均用工人数 / 万人	0.24	0.22	0.20	0.18	0.18

（续表）

指标	2018年	2019年	2020年	2021年	2022年
资产总计/亿元	20.79	19.66	21.20	20.18	20.15
负债合计/亿元	8.44	7.37	9.53	7.92	8.63
营业收入/亿元	17.23	15.64	13.12	14.17	14.02
营业成本/亿元	15.55	13.69	11.51	12.26	12.23
利润总额/亿元	-0.14	0.14	0.43	0.22	0.17

资料来源：浙江省统计年鉴2019—2023。

从表13-4可知，2019年，浙江省国有及国有控股印刷企业大部分指标增长率出现下滑，但2019年实现扭亏为盈，利润总额增长率达到200%。2020年营业收入和工业生产总值下降，利润总额有较大增长，但在2021年与2022年，利润总额连续下降，分别为-48.8%和-22.7%。浙江省国有及国有控股印刷企业主要经济指标增长率变化趋势如图13-2所示。

表13-4　浙江省国有及国有控股印刷企业主要经济指标增长率　　单位：%

指标	2019年	2020年	2021年	2022年
企业单位数增长率	0.0	0.0	0.0	0.0
工业总产值增长率	-0.4	-14.5	5.8	-6.9
平均用工人数增长率	-8.3	-9.1	-10.0	0.0
资产总计增长率	-5.4	7.8	-4.8	-0.1
负债合计增长率	-12.7	29.3	-16.9	9.0
营业收入增长率	-9.2	-16.1	8.0	-1.1
营业成本增长率	-12.0	-15.9	6.5	-0.2
利润总额增长率	200.0	207.1	-48.8	-22.7

资料来源：根据浙江省统计年鉴2019—2023数据计算。

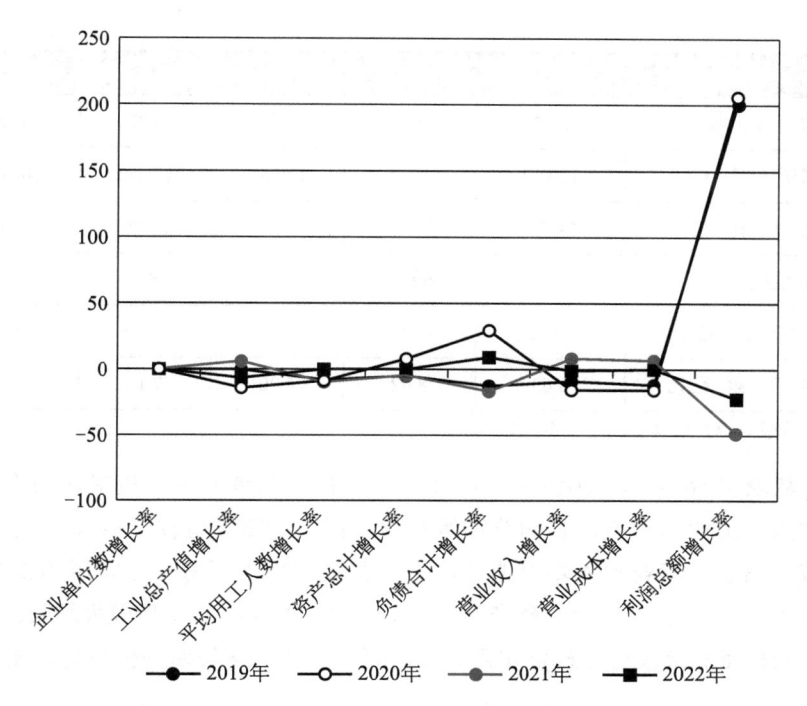

图 13-2　浙江省国有及国有控股印刷企业主要经济指标增长率变化趋势（%）

13.3　浙江省外商投资和港澳台商投资印刷企业指标分析

从表 13-5 可知，截至 2022 年底，浙江省外商投资和港澳台商投资印刷企业共 34 家，资产总计 160.40 亿元，平均用工 0.85 万人。2022 年实现营业收入 95.92 亿元，利润总额 9.35 亿元，工业总产值 90.99 亿元。

表 13-5　浙江省外商投资和港澳台商投资印刷企业主要经济指标

指标	2018 年	2019 年	2020 年	2021 年	2022 年
企业单位数 / 个	34	28	31	31	34
工业总产值 / 亿元	67.93	60.18	59.69	75.93	90.99

（续表）

指标	2018年	2019年	2020年	2021年	2022年
平均用工人数/万人	0.72	0.61	0.67	0.72	0.85
资产总计/亿元	100.32	95.06	129.96	132.53	160.40
负债合计/亿元	34.21	35.89	42.58	39.89	51.91
营业收入/亿元	69.41	60.63	62.16	78.14	95.92
营业成本/亿元	53.52	45.96	48.80	61.75	77.22
利润总额/亿元	8.65	8.02	6.20	7.16	9.35

资料来源：浙江省统计年鉴2019—2023。

从表13-6可知，2019年，浙江省外商投资和港澳台商投资印刷企业营业收入、工业总产值、利润总额等指标下降，2020年资产总计、负债合计有较大增长，营业收入略有增长，利润总额有较大下降。而随后的2021年与2022年，工业总产值、资产总计、营业收入等指标均实现较大增长。浙江省外商投资和港澳台商投资印刷企业主要经济指标增长率变化趋势如图13-3所示。

表13-6　浙江省外商投资和港澳台商投资印刷企业主要经济指标增长率　单位：%

指标	2019年	2020年	2021年	2022年
企业单位数增长率	-17.6	10.7	0.0	9.7
工业总产值增长率	-11.4	-0.8	27.2	19.8
平均用工人数增长率	-15.3	9.8	7.5	18.1
资产总计增长率	-5.2	36.7	2.0	21.0
负债合计增长率	4.9	18.6	-6.3	30.1
营业收入增长率	-12.6	2.5	25.7	22.8
营业成本增长率	-14.1	6.2	26.5	25.1
利润总额增长率	-7.3	-22.7	15.5	30.6

资料来源：根据浙江省统计年鉴2019—2023数据计算。

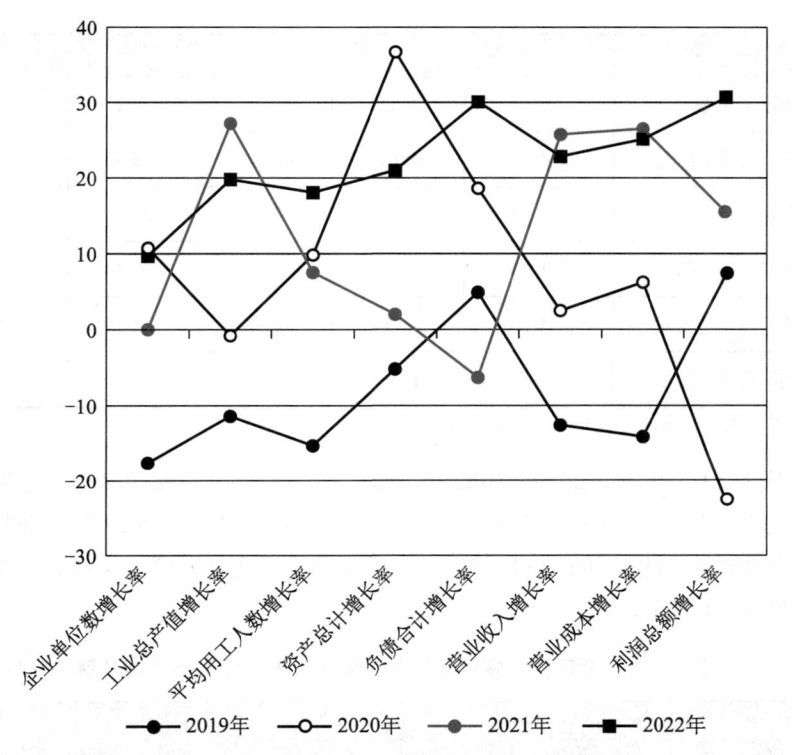

图 13-3　浙江省外商投资和港澳台商投资印刷企业主要经济指标增长率变化趋势（%）

13.4　浙江省规模以上私营印刷企业指标分析

从表 13-7 可知，截至 2022 年底，浙江省规模以上私营印刷企业共 809 家，资产总计 623.30 亿元，平均用工 7.64 万人。2022 年实现营业收入 571.26 亿元，利润总额 22.82 亿元，工业总产值 568.95 亿元。

表 13-7　浙江省规模以上私营印刷企业主要经济指标

指标	2018 年	2019 年	2020 年	2021 年	2022 年
企业单位数 / 个	436	636	671	785	809
工业总产值 / 亿元	259.07	383.69	417.38	554.04	568.95

（续表）

指标	2018年	2019年	2020年	2021年	2022年
平均用工人数/万人	4.30	6.02	6.23	7.21	7.64
资产总计/亿元	259.44	380.37	439.45	535.40	623.30
负债合计/亿元	178.35	237.94	274.92	329.04	374.78
营业收入/亿元	256.07	376.97	418.53	556.44	571.26
营业成本/亿元	218.34	316.93	349.79	471.12	482.76
利润总额/亿元	9.33	17.61	19.51	22.70	22.82

资料来源：浙江省统计年鉴2019—2023。

从表13-8可知，2019—2022年，浙江省规模以上私营印刷企业主要经济指标均保持增长，2019年的增长率最高，其次是2021年，2022年营业收入和利润总额略有增长。浙江省规模以上私营印刷企业主要经济指标增长率变化趋势如图13-4所示。

表13-8　浙江省规模以上私营印刷企业主要经济指标增长率　　单位：%

指标	2019年	2020年	2021年	2022年
企业单位数增长率	45.9	5.5	17.0	3.1
工业总产值增长率	48.1	8.8	32.7	2.7
平均用工人数增长率	40.0	3.5	15.7	6.0
资产总计增长率	46.6	15.5	21.8	16.4
负债合计增长率	33.4	15.5	19.7	13.9
营业收入增长率	47.2	11.0	33.0	2.7
营业成本增长率	45.2	10.4	34.7	2.5
利润总额增长率	88.7	10.8	16.4	0.5

资料来源：根据浙江省统计年鉴2019—2023数据计算。

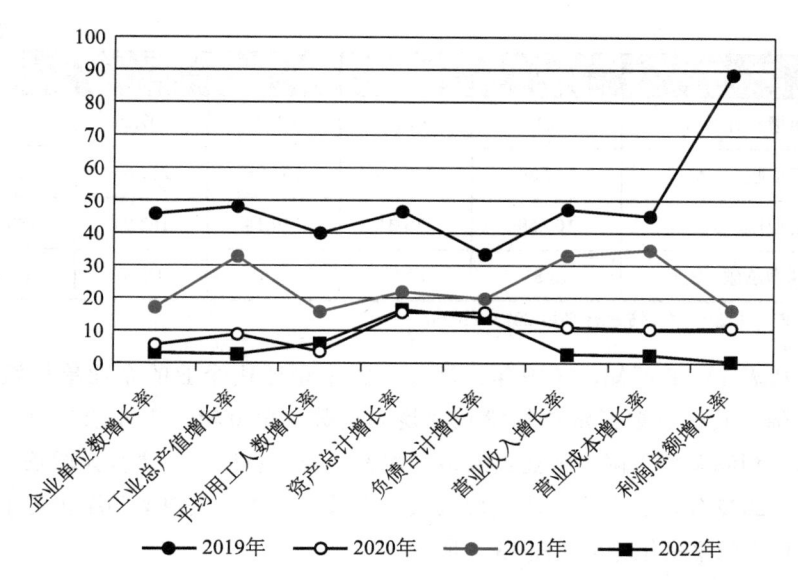

图 13-4　浙江省规模以上私营印刷企业主要经济指标增长率变化趋势（%）

13.5　浙江省大中型印刷企业指标分析

从表 13-9 可知，截至 2022 年底，浙江省大中型印刷企业共 52 家，资产总计 317.90 亿元，平均用工 2.53 万人。2022 年实现营业收入 224.05 亿元，利润总额 19.88 亿元，工业总产值 215.28 亿元。

表 13-9　浙江省大中型印刷企业主要经济指标

指标	2018 年	2019 年	2020 年	2021 年	2022 年
企业单位数 / 个	44	43	43	49	52
工业总产值 / 亿元	134.53	151.59	147.57	204.93	215.28
平均用工人数 / 万人	1.87	1.88	1.90	2.22	2.53
资产总计 / 亿元	183.40	199.93	258.29	291.98	317.90

（续表）

指标	2018年	2019年	2020年	2021年	2022年
负债合计/亿元	78.12	84.93	98.97	109.09	121.17
营业收入/亿元	137.80	153.56	154.96	211.04	224.05
营业成本/亿元	109.59	119.31	119.14	168.97	180.22
利润总额/亿元	13.81	17.54	16.61	18.66	19.88

资料来源：浙江省统计年鉴2019—2023。

从表13-10可知，2019年，浙江省大中型印刷企业的企业单位数增长率下降，其他主要经济指标增长率均为正数，2020年，工业总产值、营业成本、利润总额下降，营业收入略有增长，资产总计、负债合计增长较快。2021—2022年，各项指标均实现较大的增长。浙江省大中型印刷企业主要经济指标增长率变化趋势如图13-5所示。

表13-10　浙江省大中型印刷企业主要经济指标增长率　　　单位：%

指标	2019年	2020年	2021年	2022年
企业单位数增长率	-2.3	0.0	14.0	6.1
工业总产值增长率	12.7	-2.7	38.9	5.1
平均用工人数增长率	0.5	1.1	16.8	14.0
资产总计增长率	9.0	29.2	13.0	8.9
负债合计增长率	8.7	16.5	10.2	11.1
营业收入增长率	11.4	0.9	36.2	6.2
营业成本增长率	8.9	-0.1	41.8	6.7
利润总额增长率	27.0	-5.3	12.3	6.5

资料来源：根据浙江省统计年鉴2019—2023数据计算。

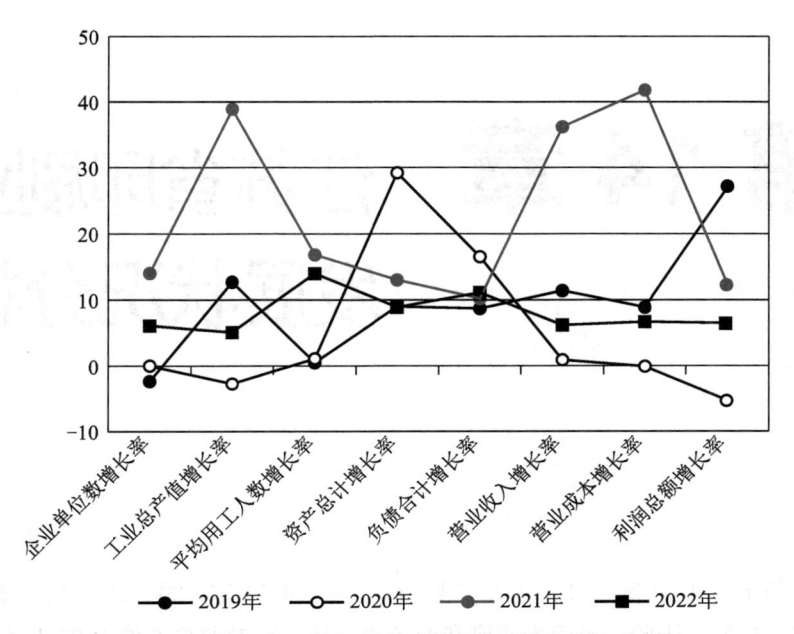

图 13-5 浙江省大中型印刷企业主要经济指标增长率变化趋势（%）

第14章 江苏省印刷业发展状况分析

截至 2022 年底,江苏省有各类印刷企业 10375 家,覆盖纸包装、塑料软包装、标签不干胶、出版物印刷和商务快印等,印刷业总产值 1993.72 亿元,利润总额 100.94 亿元,从业人员 27 万余人。江苏省印刷业呈现发展环境好、产业韧性大、转型动力足的良好局面。

14.1 江苏省规模以上印刷企业指标分析

从表 14-1 可知,截至 2022 年底,江苏省规模以上印刷企业共 1014 家,资产总计 990.69 亿元,平均用工 10.93 万人。2022 年实现营业收入 973.24 亿元,利润总额 52.30 亿元。

表 14-1　江苏省规模以上印刷企业主要经济指标

指标	2018 年	2019 年	2020 年	2021 年	2022 年
企业单位数 / 个	633	629	726	911	1014
平均用工人数 / 万人	9.41	8.98	9.33	10.70	10.93
资产总计 / 亿元	665.78	674.39	760.17	898.63	990.69
负债合计 / 亿元	342.47	339.31	404.49	475.85	519.35
营业收入 / 亿元	755.35	660.05	703.26	922.36	973.24
营业成本 / 亿元	622.63	536.32	569.60	766.09	814.16
利润总额 / 亿元	56.37	47.09	50.44	55.12	52.30

资料来源：江苏省统计年鉴 2019—2023。

从表 14-2 可知，2019 年，江苏省规模以上印刷企业除资产总计外其他经济指标增长率均为负数，2020 年，主要经济指标均实现增长。2021 年各项指标保持较快增长，2022 年利润总额下降 5.1%，其余指标均有一定增长。江苏省规模以上印刷企业主要经济指标增长率变化趋势如图 14-1 所示。

表 14-2　江苏省规模以上印刷企业主要经济指标增长率　　　　单位：%

指标	2019 年	2020 年	2021 年	2022 年
企业单位数增长率	-0.6	15.4	25.5	11.3
平均用工人数增长率	-4.6	3.9	14.7	2.1
资产总计增长率	1.3	12.7	18.2	10.2
负债合计增长率	-0.9	19.2	17.6	9.1
营业收入增长率	-12.6	6.5	31.2	5.5
营业成本增长率	-13.9	6.2	34.5	6.3
利润总额增长率	-16.5	7.1	9.3	-5.1

资料来源：根据江苏省统计年鉴 2019—2023 数据计算。

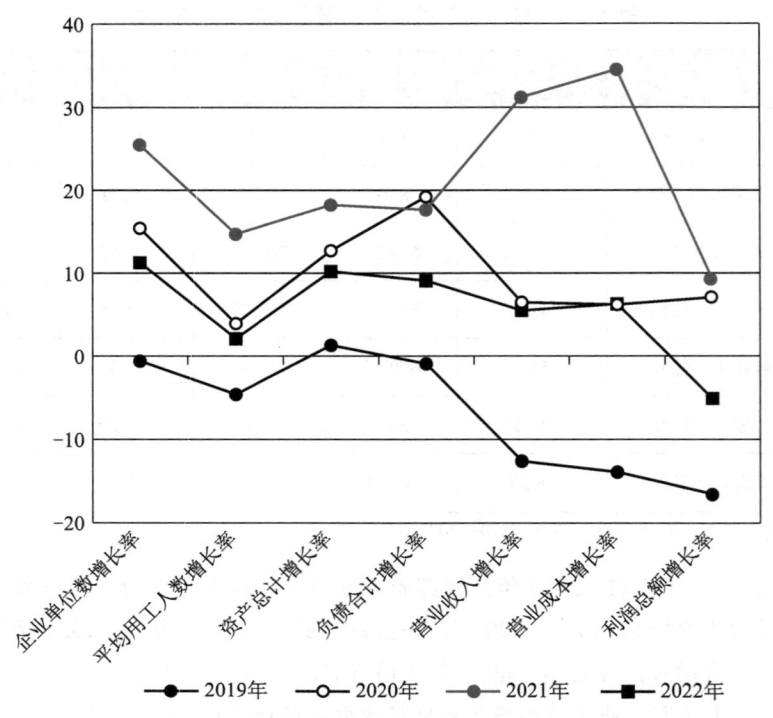

图 14-1　江苏省规模以上印刷企业主要经济指标增长率变化趋势（%）

14.2　江苏省国有控股印刷企业指标分析

从表 14-3 可知，截至 2022 年底，江苏省国有控股印刷企业共 20 家，资产总计 36.06 亿元，平均用工 0.29 万人。2022 年实现营业收入 16.29 亿元，利润总额 0.12 亿元。

表 14-3　江苏省国有控股印刷企业主要经济指标

指标	2018年	2019年	2020年	2021年	2022年
企业单位数 / 个	20	20	19	19	20
平均用工人数 / 万人	0.30	0.29	0.31	0.29	0.29
资产总计 / 亿元	29.36	29.65	31.13	35.27	36.06
负债合计 / 亿元	8.32	8.11	10.22	12.18	12.89
营业收入 / 亿元	18.16	14.09	13.31	14.71	16.29
营业成本 / 亿元	15.12	11.70	10.80	12.13	13.77
利润总额 / 亿元	0.70	0.38	0.17	-0.29	0.12

资料来源：江苏省统计年鉴 2019—2023。

从表 14-4 可知，2019 年和 2020 年，江苏省国有控股印刷企业的营业收入和利润总额均下降，其中利润总额下降幅度较大。2021 年，利润总额下降 270.6%，2022 年各项指标实现增长，其中利润总额增长 141.4%。江苏省国有控股印刷企业主要经济指标增长率变化趋势如图 14-2 所示。

表 14-4　江苏省国有控股印刷企业主要经济指标增长率　　　　单位：%

指标	2019年	2020年	2021年	2022年
企业单位数增长率	0.0	-5.0	0.0	5.3
平均用工人数增长率	-3.3	6.9	-6.5	0.0
资产总计增长率	1.0	5.0	13.3	2.2
负债合计增长率	-2.5	26.0	19.2	5.8
营业收入增长率	-22.4	-5.5	10.5	10.7
营业成本增长率	-22.6	-7.7	12.3	13.5
利润总额增长率	-45.7	-55.3	-270.6	141.4

资料来源：根据江苏省统计年鉴 2019—2023 数据计算。

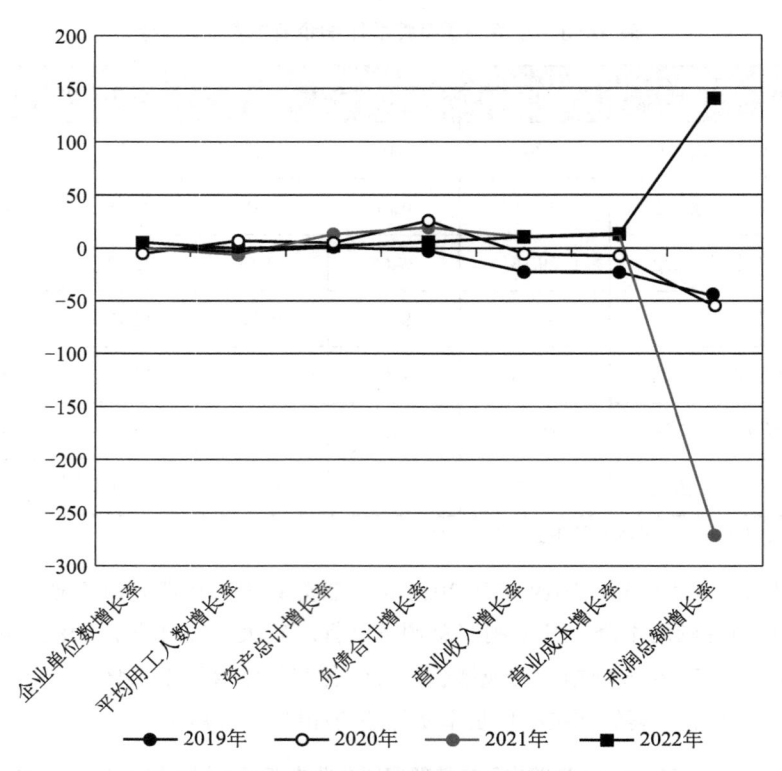

图 14-2　江苏省国有控股印刷企业主要经济指标增长率变化趋势（%）

14.3　江苏省外商投资和港澳台商投资印刷企业指标分析

从表 14-5 可知，截至 2022 年底，江苏省外商投资和港澳台商投资印刷企业共 95 家，资产总计 243.75 亿元，平均用工 1.94 万人。2022 年实现营业收入 211.07 亿元，利润总额 14.02 亿元。

表 14-5　江苏省外商投资和港澳台商投资印刷企业主要经济指标

指标	2018 年	2019 年	2020 年	2021 年	2022 年
企业单位数 / 个	85	77	80	94	95
平均用工人数 / 万人	2.30	2.05	1.86	2.16	1.94
资产总计 / 亿元	176.36	170.98	183.28	227.43	243.75
负债合计 / 亿元	79.00	69.74	86.32	103.86	113.09
营业收入 / 亿元	161.02	149.63	146.68	199.14	211.07
营业成本 / 亿元	121.70	111.12	110.18	157.70	170.11
利润总额 / 亿元	15.36	15.26	13.62	13.61	14.02

资料来源：江苏省统计年鉴 2019—2023。

从表 14-6 可知，2019 年，江苏省外商投资和港澳台商投资印刷企业主要经济指标增长率均为负数，2020 年企业单位数、资产总计、负债合计有所增长，营业收入、利润总额等指标下降。2021 年除利润总额略有减少外，其余指标均有较大增长。2022 年，除平均用工人数出现下降外，其他经济指标有一定程度的增长。江苏省外商投资和港澳台商投资印刷企业主要经济指标增长率变化趋势如图 14-3 所示。

表 14-6　江苏省外商投资和港澳台商投资印刷企业主要经济指标增长率　单位：%

指标	2019 年	2020 年	2021 年	2022 年
企业单位数增长率	−9.4	3.9	17.5	1.1
平均用工人数增长率	−10.9	−9.3	16.1	−10.2
资产总计增长率	−3.1	7.2	24.1	7.2
负债合计增长率	−11.7	23.8	20.3	8.9
营业收入增长率	−7.1	−2.0	35.8	6.0
营业成本增长率	−8.7	−0.8	43.1	7.9
利润总额增长率	−0.7	−10.7	−0.1	3.0

资料来源：根据江苏省统计年鉴 2019—2023 数据计算。

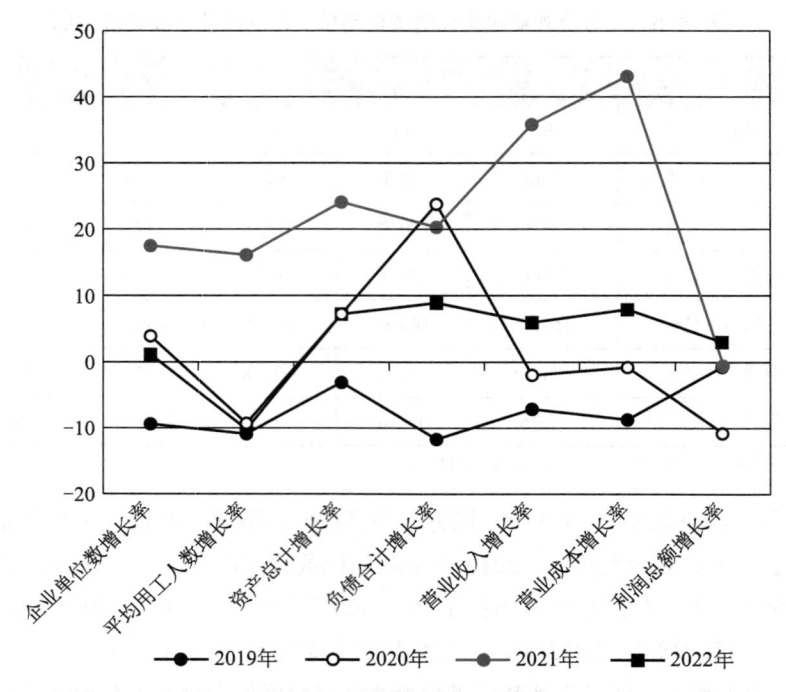

图 14-3　江苏省外商投资和港澳台商投资印刷企业主要经济指标增长率变化趋势（%）

14.4　江苏省私营印刷企业指标分析

从表 14-7 所知，截至 2022 年底，江苏省私营印刷企业共 858 家，资产总计 614.40 亿元，平均用工 7.54 万人。2022 年实现营业收入 658.87 亿元，利润总额 32.35 亿元。

表 14-7　江苏省私营印刷企业主要经济指标

指标	2018 年	2019 年	2020 年	2021 年	2022 年
企业单位数 / 个	461	467	587	757	858
平均用工人数 / 万人	5.38	5.27	5.99	7.07	7.54
资产总计 / 亿元	344.97	355.22	460.42	545.32	614.40
负债合计 / 亿元	202.93	208.24	264.50	320.55	352.55
营业收入 / 亿元	449.47	384.62	468.19	618.20	658.87
营业成本 / 亿元	381.48	322.85	387.34	520.50	557.56
利润总额 / 亿元	27.22	20.08	30.19	34.53	32.35

资料来源：江苏省统计年鉴 2019—2023。

从表 14-8 可知，2019 年，江苏省私营印刷企业的营业收入、利润总额等下降，2020 年，主要经济指标增长率均为正数，且增长率较高。除 2022 年的利润总额出现小幅下降外，其他各项经济指标在 2021 年和 2022 年均实现较大增长。江苏省私营印刷企业主要经济指标增长率变化趋势如图 14-4 所示。

表 14-8　江苏省私营印刷企业主要经济指标增长率　　　　　单位：%

指标	2019 年	2020 年	2021 年	2022 年
企业单位数增长率	1.3	25.7	29.0	13.3
平均用工人数增长率	-2.0	13.7	18.0	6.6
资产总计增长率	3.0	29.6	18.4	12.7
负债合计增长率	2.6	27.0	21.2	10.0
营业收入增长率	-14.4	21.7	32.0	6.6
营业成本增长率	-15.4	20.0	34.4	7.1
利润总额增长率	-26.2	50.3	14.4	-6.3

资料来源：根据江苏省统计年鉴 2019—2023 数据计算。

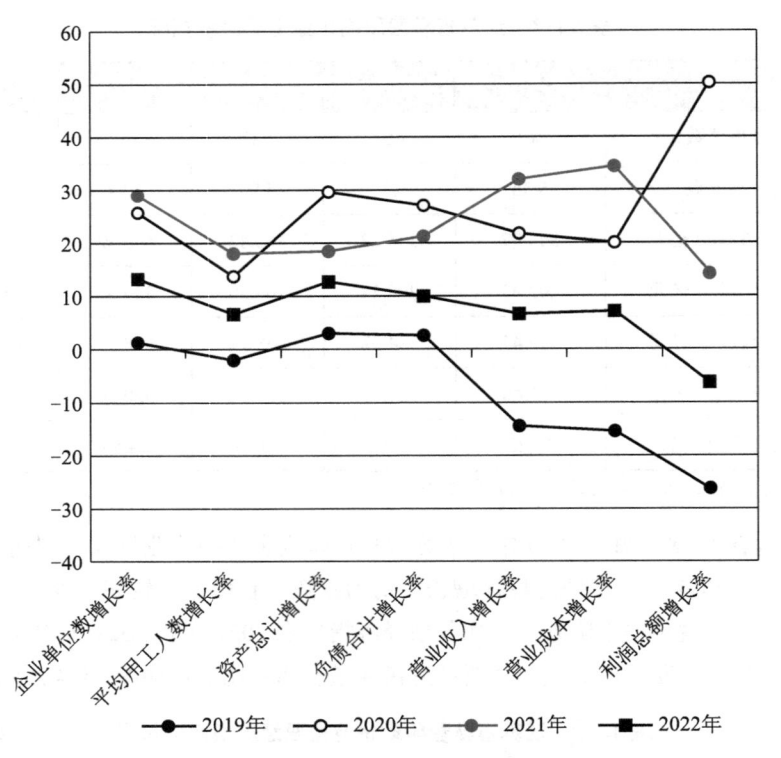

图 14-4　江苏省私营印刷企业主要经济指标增长率变化趋势（%）

14.5　江苏省大中型印刷企业指标分析

从表 14-9 可知，截至 2022 年底，江苏省大中型印刷企业共 49 家，资产总计 310.81 亿元，平均用工 3.05 万人。2022 年实现营业收入 266.88 亿元，利润总额 21.62 亿元。

表 14-9　江苏省大中型印刷企业主要经济指标

指标	2018 年	2019 年	2020 年	2021 年	2022 年
企业单位数 / 个	55	49	51	59	49
平均用工人数 / 万人	3.47	3.17	3.09	3.52	3.05
资产总计 / 亿元	229.23	234.47	252.98	304.49	310.81
负债合计 / 亿元	108.52	105.92	131.21	149.01	151.60
营业收入 / 亿元	232.16	217.46	212.57	271.08	266.88
营业成本 / 亿元	180.91	167.86	162.85	217.91	214.97
利润总额 / 亿元	23.03	21.01	21.63	21.87	21.62

资料来源：江苏省统计年鉴 2019—2023。

从表 14-10 可知，2019 年，江苏省大中型印刷企业除资产总计增长外，其他指标均下降，2020 年，资产总计、负债合计、利润总额等指标增长，营业收入、平均用工人数等指标下降。2021 年各项指标均实现增长，2022 年除资产总计和负债合计外，其余指标增长率均为负数。江苏省大中型印刷企业主要经济指标增长率变化趋势如图 14-5 所示。

表 14-10　江苏省大中型印刷企业主要经济指标增长率　　　单位：%

指标	2019 年	2020 年	2021 年	2022 年
企业单位数增长率	-10.9	4.1	15.7	-16.9
平均用工人数增长率	-8.6	-2.5	13.9	-13.4
资产总计增长率	2.3	7.9	20.4	2.1
负债合计增长率	-2.4	23.9	13.6	1.7
营业收入增长率	-6.3	-2.2	27.5	-1.5
营业成本增长率	-7.2	-3.0	33.8	-1.3
利润总额增长率	-8.8	3.0	1.1	-1.1

资料来源：根据江苏省统计年鉴 2019—2023 数据计算。

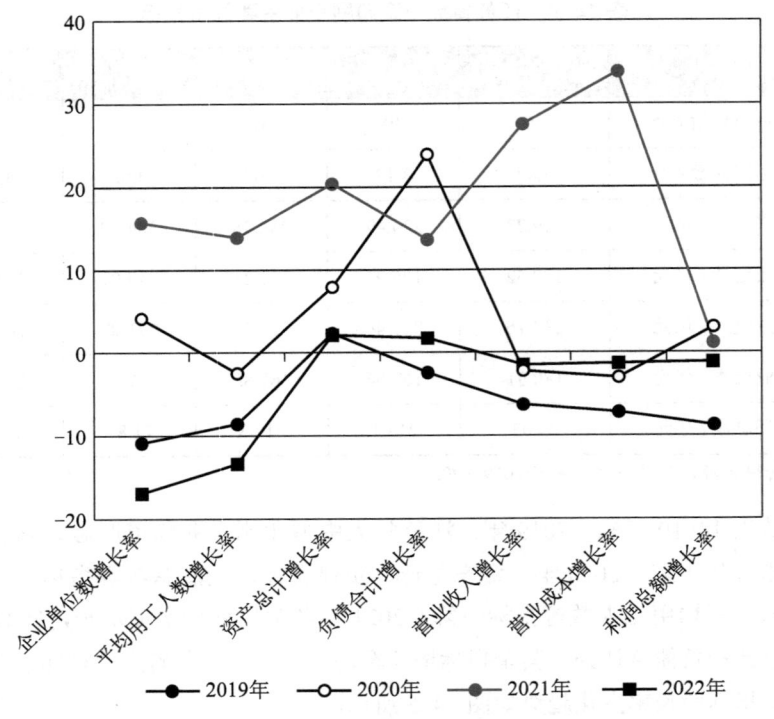

图 14-5 江苏省大中型印刷企业主要经济指标增长率变化趋势（%）

第 15 章 湖南省印刷业发展状况分析

截至 2023 年 4 月底,湖南省共有印刷企业 2760 家,其中出版物印刷企业 422 家,数字印刷企业 93 家,包装装潢印刷企业 968 家,其他印刷品印刷企业 1261 家,排版制版与装订专项印刷企业 16 家。2022 年,湖南省印刷业总产值为 397.64 亿元,资产总计为 275.84 亿元。2022 年全省通过绿色印刷认证的企业有 72 家,绿色印刷认证企业的总营业收入为 91.20 亿元,绿色印刷的出版物种类为 2010 种,实现中小学教材绿色印刷全覆盖,绿色印刷的基础进一步夯实。

2022 年,湖南省出版物印刷持续保持发展态势,数字印刷步入快速发展轨道,包装印刷稳中有升,印刷智能化、数字化加快实施。

15.1 湖南省规模以上印刷企业指标分析

从表 15-1 可知,截至 2022 年底,湖南省规模以上印刷企业共 288 家,资产总计 207.13 亿元,负债合计 90.30 亿元,平均用工 3.69 万人。2022 年实现营业收入 334.15 亿元,利润总额 20.09 亿元。

表 15-1　湖南省规模以上印刷企业主要经济指标

指标	2020	2021 年	2022 年
企业单位数 / 个	283	285	288
平均用工人数 / 万人	3.92	3.94	3.69
资产总计 / 亿元	179.43	196.85	207.13
负债合计 / 亿元	73.55	76.07	90.30
营业收入 / 亿元	443.95	449.03	334.15
营业成本 / 亿元	359.65	357.81	269.26
利润总额 / 亿元	35.23	38.65	20.09

资料来源：湖南省统计年鉴 2021—2023。

从表 15-2 可知，2021 年，湖南省规模以上印刷企业的资产总计、利润总额均增长 9.71%，企业单位数、平均用工人数等略有增长。2022 年，除企业单位数、资产总计和负债合计增长外，其他主要经济指标均下降，利润总额下降 48.02%。湖南省规模以上印刷企业主要经济指标增长率变化趋势如图 15-1 所示。

表 15-2　湖南省规模以上印刷企业主要经济指标增长率　　　　单位：%

指标	2021 年	2022 年
企业单位数增长率	0.71	1.05
平均用工人数增长率	0.51	-6.35
资产总计增长率	9.71	5.22
负债合计增长率	3.42	18.71
营业收入增长率	1.14	-25.58
营业成本增长率	-0.51	-24.75
利润总额增长率	9.71	-48.02

资料来源：根据湖南省统计年鉴 2021—2023 数据计算。

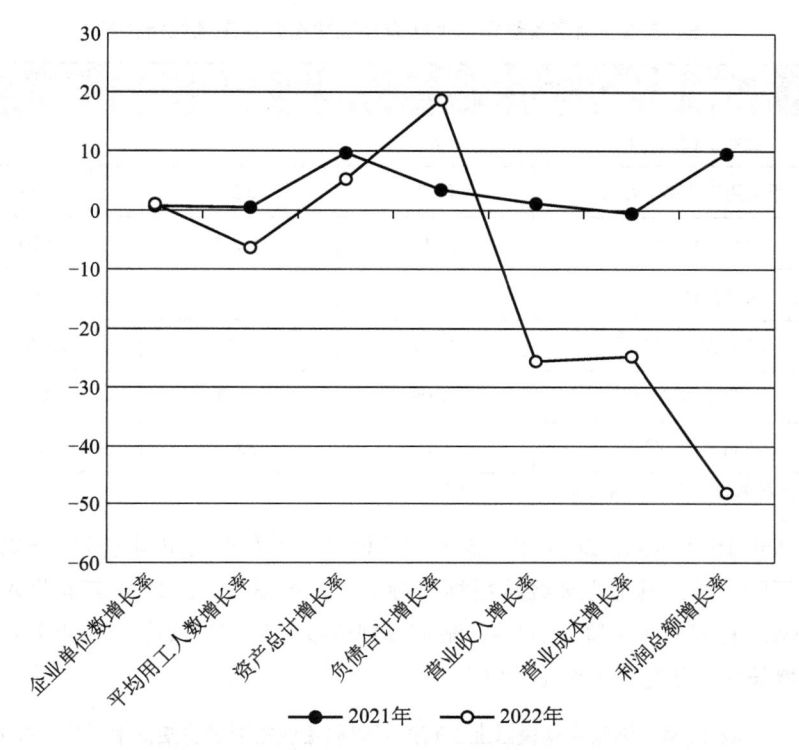

图 15-1　湖南省规模以上印刷企业主要经济指标增长率变化趋势（%）

15.2　湖南省规模以上国有控股印刷企业指标分析

从表 15-3 可知，截至 2022 年底，湖南省规模以上国有控股印刷企业共 6 家，资产总计 24.50 亿元，负债合计 7.65 亿元，平均用工 0.26 万人。2022 年实现营业收入 23.40 亿元，利润总额 2.12 亿元。

表 15-3　湖南省规模以上国有控股印刷企业主要经济指标

指标	2020 年	2021 年	2022 年
企业单位数 / 个	6	6	6
平均用工人数 / 万人	0.27	0.25	0.26
资产总计 / 亿元	22.17	24.47	24.50
负债合计 / 亿元	6.08	7.07	7.65
营业收入 / 亿元	22.57	26.31	23.40
营业成本 / 亿元	17.05	19.73	18.08
利润总额 / 亿元	3.02	3.60	2.12

资料来源：湖南省统计年鉴 2021—2023。

从表 15-4 可知，2021 年，湖南省规模以上国有控股印刷企业除平均用工人数下降之外，其他主要经济指标保持了一定的增长。2022 年营业收入下降 11.06%，利润总额下降 41.11%。湖南省规模以上国有控股印刷企业主要经济指标增长率变化趋势如图 15-2 所示。

表 15-4　湖南省规模以上国有控股印刷企业主要经济指标增长率　单位：%

指标	2021 年	2022 年
企业单位数增长率	0.00	0.00
平均用工人数增长率	-7.41	4.00
资产总计增长率	10.37	0.12
负债合计增长率	16.28	8.20
营业收入增长率	16.57	-11.06
营业成本增长率	15.72	-8.36
利润总额增长率	19.21	-41.11

资料来源：根据湖南省统计年鉴 2021—2023 数据计算。

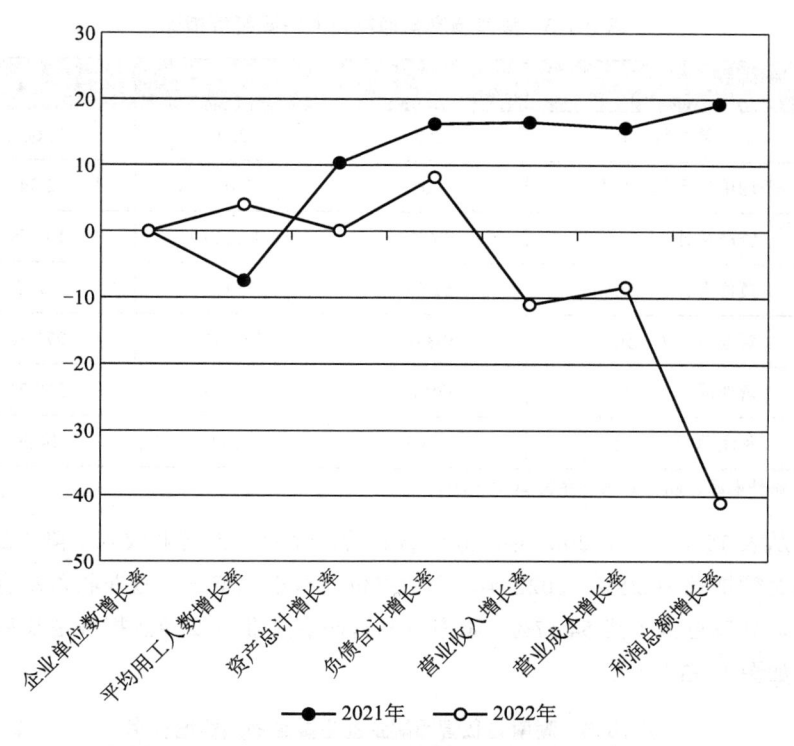

图 15-2　湖南省规模以上国有控股印刷企业主要经济指标增长率变化趋势（%）

15.3　湖南省私营印刷企业指标分析

从表 15-5 可知，截至 2022 年底，湖南省私营印刷企业共 260 家，资产总计 137.79 亿元，负债合计 66.13 亿元，平均用工 2.94 万人。2022 年实现营业收入 271.86 亿元，利润总额 14.99 亿元。

表 15-5　湖南省私营印刷企业主要经济指标

指标	2020 年	2021 年	2022 年
企业单位数 / 个	253	259	260
平均用工人数 / 万人	3.05	3.08	2.94
资产总计 / 亿元	126.47	135.40	137.79
负债合计 / 亿元	52.99	53.67	66.13
营业收入 / 亿元	393.63	388.83	271.86
营业成本 / 亿元	320.77	310.43	219.71
利润总额 / 亿元	29.67	32.71	14.99

资料来源：湖南省统计年鉴 2021—2023。

从表 15-6 可知，2021 年，湖南省私营印刷企业的营业收入下降 1.22%，利润总额增长 10.25%。2022 年，企业单位数有小幅增长，营业收入却有较大下降，利润总额下降 54.17%。湖南省私营印刷企业主要经济指标增长率变化趋势如图 15-3 所示。

表 15-6　湖南省私营印刷企业主要经济指标增长率　　　　　　单位：%

指标	2021 年	2022 年
企业单位数增长率	2.37	0.38
平均用工人数增长率	0.98	-4.55
资产总计增长率	7.06	1.77
负债合计增长率	1.28	23.21
营业收入增长率	-1.22	-30.08
营业成本增长率	-3.22	-29.22
利润总额增长率	10.25	-54.17

资料来源：根据湖南省统计年鉴 2021—2023 数据计算。

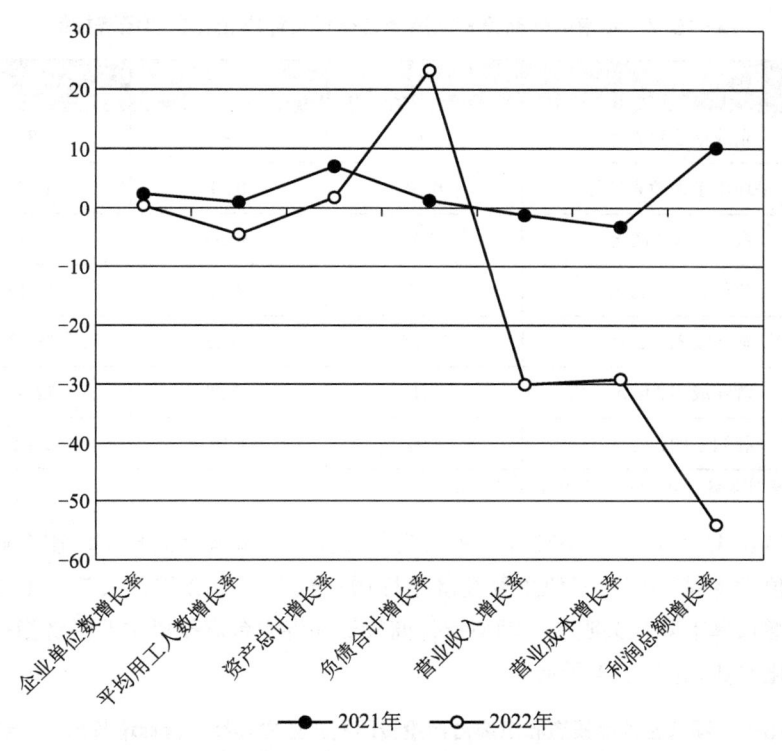

图 15-3　湖南省私营印刷企业主要经济指标增长率变化趋势（%）

15.4 湖南省外商投资和港澳台商投资印刷企业指标分析

从表 15-7 可知，截至 2022 年底，湖南省外商投资和港澳台商投资印刷企业共 8 家，资产总计 31.65 亿元，负债合计 10.26 亿元，平均用工 0.27 万人。2022 年实现营业收入 28.87 亿元，利润总额 2.92 亿元。

表 15-7　湖南省外商投资和港澳台商投资印刷企业主要经济指标

指标	2020 年	2021 年	2022 年
企业单位数 / 个	9	9	8
平均用工人数 / 万人	0.29	0.39	0.27
资产总计 / 亿元	23.23	30.59	31.65
负债合计 / 亿元	7.72	9.03	10.26
营业收入 / 亿元	23.98	29.86	28.87
营业成本 / 亿元	17.12	22.38	22.61
利润总额 / 亿元	3.91	4.19	2.92

资料来源：湖南省统计年鉴2021—2023。

从表 15-8 可知，2021 年，湖南省外商投资和港澳台商投资印刷企业的企业单位数保持不变，其他主要经济指标增长较大。2022 年，大部分主要经济指标增长率下降势头明显。湖南省外商投资和港澳台商投资主要经济指标增长率变化趋势如图 15-4 所示。

表 15-8　湖南省外商投资和港澳台商投资印刷企业主要经济指标增长率　　单位：%

指标	2021 年	2022 年
企业单位数增长率	0.00	-11.11
平均用工人数增长率	34.48	-30.77
资产总计增长率	31.68	3.47
负债合计增长率	16.97	13.62
营业收入增长率	24.52	-3.32
营业成本增长率	30.72	1.03
利润总额增长率	7.16	-30.31

资料来源：根据湖南省统计年鉴2021—2023 数据计算。

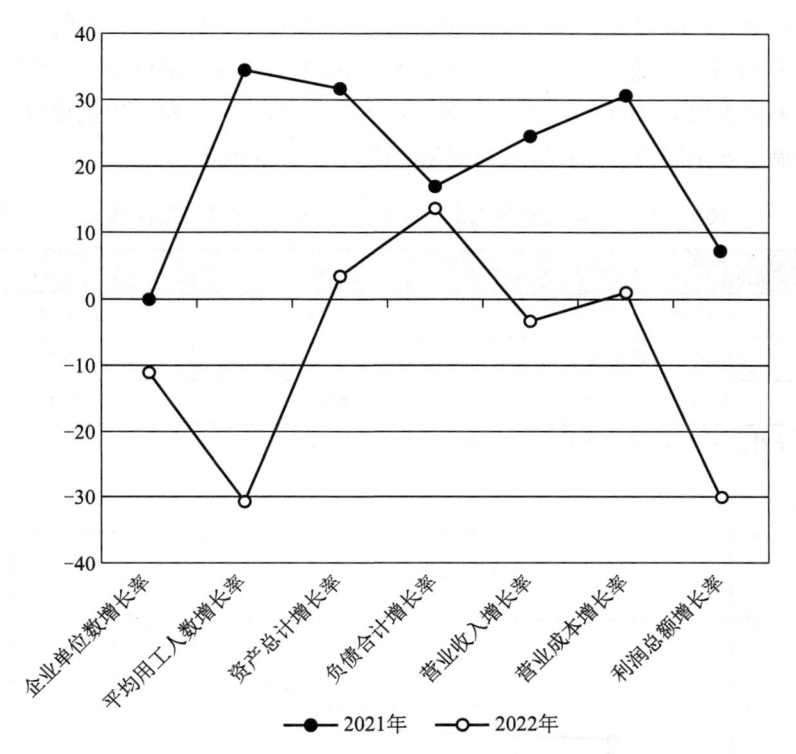

图 15-4　湖南省外商投资和港澳台商投资主要经济指标增长率变化趋势（%）

15.5　湖南省规模以上大中型印刷企业指标分析

从表 15-9 可知，截至 2022 年底，湖南省规模以上大中型印刷企业共 23 家，平均用工 1.19 万人。2022 年利润总额 5.11 亿元。

表 15-9　湖南省规模以上大中型印刷企业主要经济指标

指标	2020 年	2021 年	2022 年
企业单位数 / 个	28	26	23
平均用工人数 / 万人	1.45	1.38	1.19
利润总额 / 亿元	15.94	19.16	5.11

资料来源：湖南省统计年鉴 2021—2023。

从表 15-10 可知，2021 年，湖南省规模以上大中型印刷企业的企业单位数和平均用工人数下降，利润总额增长。2022 年，企业单位数、平均用工人数、利润总额均下降，尤其是利润总额下降了 73.33%。湖南省规模以上大中型印刷企业主要经济指标增长率变化趋势如图 15-5 所示。

表 15-10　湖南省规模以上大中型印刷企业主要经济指标增长率　　单位：%

指标	2021 年	2022 年
企业单位数增长率	-7.14	-11.54
平均用工人数增长率	-4.82	-13.77
利润总额增长率	20.20	-73.33

资料来源：根据湖南省统计年鉴 2021—2023 数据计算。

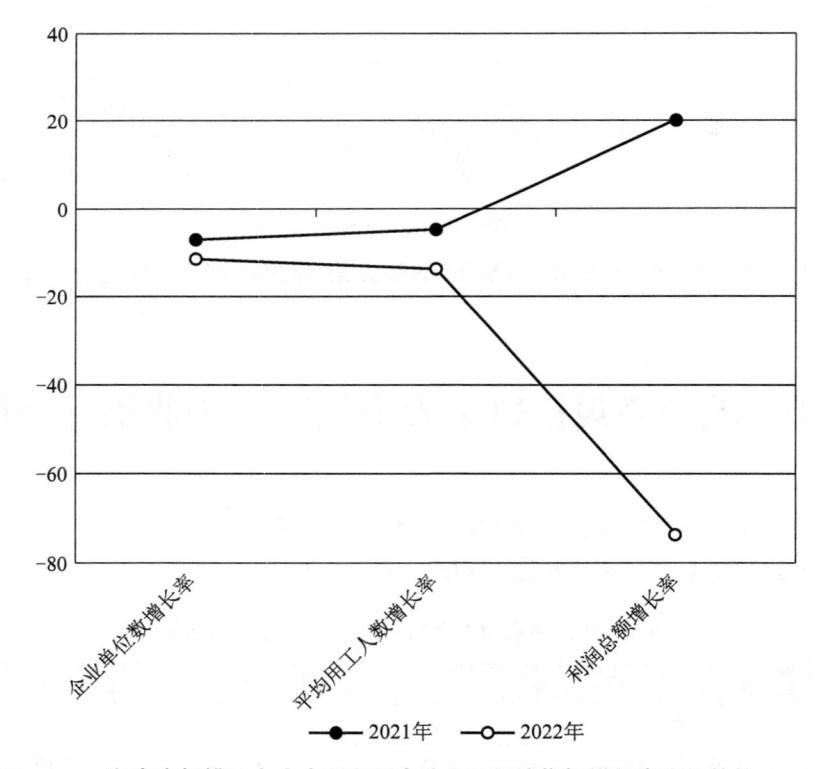

图 15-5　湖南省规模以上大中型印刷企业主要经济指标增长率变化趋势（%）

第 16 章　福建省印刷业发展状况分析

截至 2022 年 12 月底,福建省有各类印刷企业 3127 家,其中出版物印刷企业 197 家,包装装潢印刷企业 2203 家,其他印刷品印刷企业 616 家,排版、制版与装订专项企业 39 家,专兼营数字印刷企业 72 家。2022 年实现印刷业总产值 851 亿元,销售收入 853 亿元,利润总额 43 亿元,从业人员 11.5 万人。

2022 年,福建省印刷业以供给侧结构性改革为主线,加强统筹规划,不断提升印刷业的绿色化、数字化、智能化、融合化发展水平,加快实现高质量发展。

16.1　福建省规模以上印刷企业指标分析

从表 16-1 可知,截至 2022 年底,福建省规模以上印刷企业共 301 家,资产总计 288.95 亿元,负债合计 132.51 亿元。2022 年实现营业收入 533.41 亿元,利润总额 31.96 亿元。

表 16-1　福建省规模以上印刷企业主要经济指标

指标	2020 年	2021 年	2022 年
企业单位数 / 个	277	311	301

（续表）

指标	2020年	2021年	2022年
资产总计/亿元	262.21	304.95	288.95
负债合计/亿元	111.63	137.21	132.51
营业收入/亿元	477.92	570.07	533.41
利润总额/亿元	32.75	38.09	31.96

资料来源：福建省统计年鉴2021—2023。

从表16-2可知，2021年，福建省规模以上印刷企业各项指标实现较大增长，2022年各项指标均有一定程度的下降。福建省规模以上印刷企业主要经济指标增长率变化趋势如图16-1所示。

表16-2　福建省规模以上印刷企业主要经济指标增长率　　　单位：%

指标	2021年	2022年
企业单位数增长率	12.27	-3.22
资产总计增长率	16.29	-5.25
负债合计增长率	22.91	-3.43
营业收入增长率	19.28	-6.43
利润总额增长率	16.31	-16.09

资料来源：根据福建省统计年鉴2021—2023数据计算。

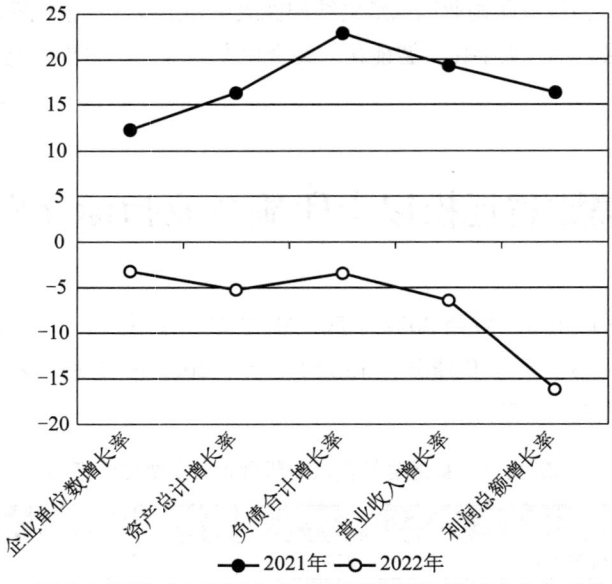

图16-1　福建省规模以上印刷企业主要经济指标增长率变化趋势（%）

16.2　福建省国有控股印刷企业指标分析

从表 16-3 可知，截至 2022 年底，福建省国有控股印刷企业共 11 家，资产总计 32.52 亿元，负债合计 11.33 亿元。2022 年实现营业收入 14.47 亿元，利润总额 2.09 亿元。

表 16-3　福建省国有控股印刷企业主要经济指标

指标	2020 年	2021 年	2022 年
企业单位数 / 个	11	13	11
资产总计 / 亿元	26.04	47.58	32.52
负债合计 / 亿元	9.31	14.21	11.33
营业收入 / 亿元	12.87	18.84	14.47
利润总额 / 亿元	1.99	4.99	2.09

资料来源：福建省统计年鉴 2021—2023。

从表 16-4 可知，2021 年，福建省国有控股印刷企业主要经济指标保持快速增长，2022 年则出现较大幅度的下降。福建省国有控股印刷企业主要经济指标增长率变化趋势如图 16-2 所示。

表 16-4　福建省国有控股印刷企业主要经济指标增长率　　　　单位：%

指标	2021 年	2022 年
企业单位数增长率	18.19	-15.38
资产总计增长率	82.72	-31.65
负债合计增长率	52.63	-20.27
营业收入增长率	46.39	-23.20
利润总额增长率	150.75	-58.12

资料来源：根据福建省统计年鉴 2021—2023 数据计算。

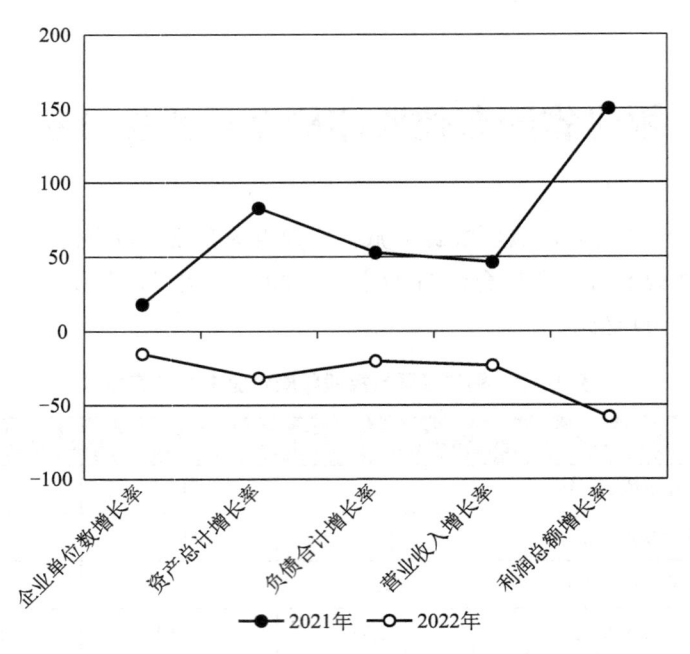

图 16-2　福建省国有控股印刷企业主要经济指标增长率变化趋势（%）

16.3　福建省规模以上外商及港澳台投资印刷企业指标分析

从表 16-5 可知，截至 2022 年底，福建省规模以上外商及港澳台投资印刷企业共 29 家，资产总计 39.20 亿元，负债合计 19.57 亿元。2022 年实现营业收入 54.72 亿元，利润总额 5.03 亿元。

表 16-5　福建省规模以上外商及港澳台投资印刷企业主要经济指标

指标	2020 年	2021 年	2022 年
企业单位数 / 个	29	30	29
资产总计 / 亿元	49.06	47.49	39.20
负债合计 / 亿元	21.18	21.89	19.57

（续表）

指标	2020年	2021年	2022年
营业收入/亿元	60.86	73.68	54.72
利润总额/亿元	4.48	5.10	5.03

资料来源：福建省统计年鉴2021—2023。

从表16-6可知，2021年，福建省规模以上外商及港澳台投资印刷企业的营业收入、利润总额等指标有较大增长，2022年，主要经济指标增长率均为负数。福建省规模以上外商及港澳台投资印刷企业主要经济指标增长率变化趋势如图16-3所示。

表16-6　福建省规模以上外商及港澳台投资印刷企业主要经济指标增长率　单位：%

指标	2021年	2022年
企业单位数增长率	3.45	-3.33
资产总计增长率	-3.20	-17.46
负债合计增长率	3.35	-10.60
营业收入增长率	21.06	-25.73
利润总额增长率	13.84	-1.37

资料来源：根据福建省统计年鉴2021—2023数据计算。

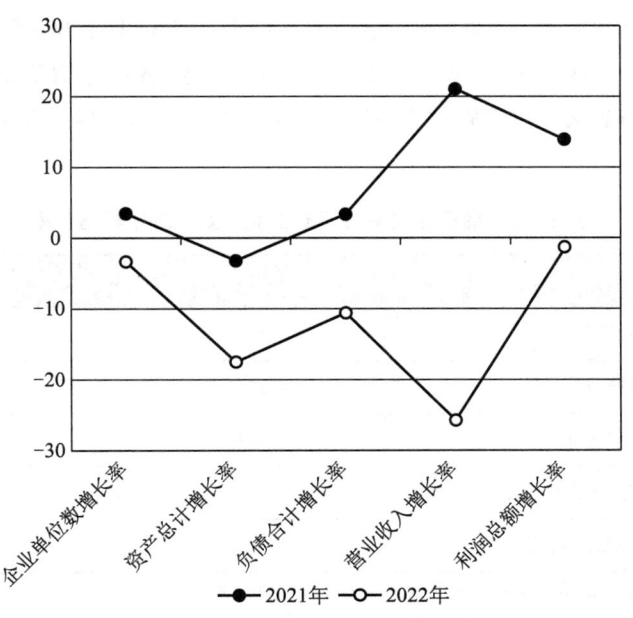

图16-3　福建省规模以上外商及港澳台投资印刷企业主要经济指标增长率变化趋势（%）

16.4　福建省大中型印刷企业指标分析

从表 16-7 可知，截至 2022 年底，福建省大中型印刷企业共 25 家。2022 年实现营业收入 172.64 亿元，利润总额 11.53 亿元。

表 16-7　福建省大中型印刷企业主要经济指标

指标	2020 年	2021 年	2022 年
企业单位数 / 个	26	27	25
资产总计 / 亿元	114.65	118.46	117.16
负债合计 / 亿元	44.45	52.92	48.47
营业收入 / 亿元	165.25	178.36	172.64
利润总额 / 亿元	13.05	17.80	11.53

资料来源：福建省统计年鉴 2021—2023。

从表 16-8 可知，2021 年，福建省大中型印刷企业主要经济指标保持增长，利润总额增长 36.39%。2022 年，各项主要经济指标均下降，其中利润总额下降 35.22%。福建省大中型印刷企业主要经济指标增长率变化趋势如图 16-4 所示。

表 16-8　福建省大中型印刷企业主要经济指标增长率　　　　单位：%

指标	2021 年	2022 年
企业单位数增长率	3.85	-7.41
资产总计增长率	3.32	-1.09
负债合计增长率	19.06	-8.41
营业收入增长率	7.93	-3.21
利润总额增长率	36.39	-35.22

资料来源：根据福建省统计年鉴 2021—2023 数据计算。

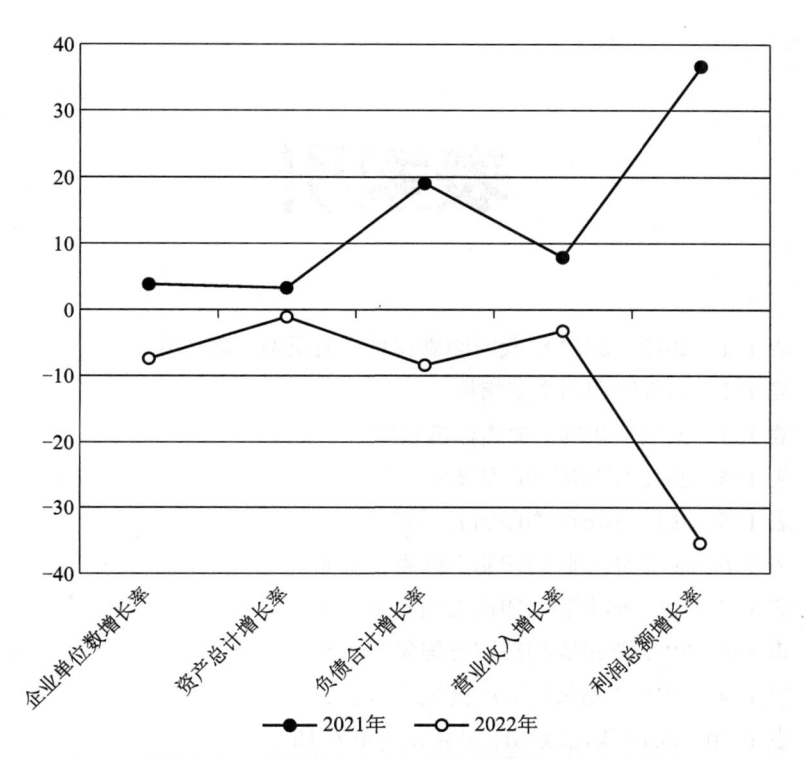

图 16-4 福建省大中型印刷企业主要经济指标增长率变化趋势（%）

表索引

表 1-1　2018—2022 年我国印刷业总产值及增长率 / 6
表 1-2　出版物印刷主要指标 / 7
表 1-3　出版物印刷主要指标增长率 / 7
表 1-4　2018 年出版物印刷五强省市 / 7
表 1-5　2019 年出版物印刷五强省市 / 8
表 1-6　2020 年出版物印刷五强省市 / 8
表 1-7　2021 年出版物印刷五强省市 / 8
表 1-8　2022 年出版物印刷五强省市 / 9
表 1-9　2018 年出版物印刷区域分布 / 9
表 1-10　2019 年出版物印刷区域分布 / 10
表 1-11　2020 年出版物印刷区域分布 / 10
表 1-12　2021 年出版物印刷区域分布 / 11
表 1-13　2022 年出版物印刷区域分布 / 12
表 1-14　包装装潢印刷主要指标 / 13
表 1-15　包装装潢印刷主要指标增长率 / 13
表 1-16　2018 年包装装潢印刷五强省市 / 13
表 1-17　2019 年包装装潢印刷五强省市 / 14
表 1-18　2020 年包装装潢印刷五强省市 / 14
表 1-19　2021 年包装装潢印刷五强省市 / 15
表 1-20　2022 年包装装潢印刷五强省市 / 15
表 1-21　2018 年包装装潢印刷区域分布 / 15
表 1-22　2019 年包装装潢印刷区域分布 / 16
表 1-23　2020 年包装装潢印刷区域分布 / 17
表 1-24　2021 年包装装潢印刷区域分布 / 17

表1-25　2022年包装装潢印刷区域分布 / 18
表1-26　其他印刷主要指标 / 19
表1-27　其他印刷主要指标增长率 / 19
表1-28　印刷业总产值构成 / 20
表1-29　印刷业增加值构成 / 20
表2-1　规模以上工业企业主要经济指标 / 24
表2-2　规模以上工业企业主要经济指标增长率 / 24
表2-3　规模以上工业企业主要效益指标 / 24
表2-4　规模以上印刷企业主要经济指标 / 25
表2-5　规模以上印刷企业主要经济指标增长率 / 26
表2-6　规模以上印刷企业主要效益指标 / 26
表2-7　规模以上印刷企业主要经济指标占工业企业的比重 / 27
表2-8　规模以上企业主要经济指标增长率之差 / 27
表2-9　规模以上企业主要经济效益指标之差 / 28
表3-1　国有及国有控股工业企业主要经济指标 / 29
表3-2　国有及国有控股工业企业主要经济指标增长率 / 30
表3-3　国有及国有控股工业企业主要效益指标 / 30
表3-4　国有及国有控股印刷企业主要经济指标 / 31
表3-5　国有及国有控股印刷企业主要经济指标增长率 / 31
表3-6　国有及国有控股印刷企业主要效益指标 / 32
表3-7　国有及国有控股印刷企业主要经济指标占工业企业的比重 / 32
表3-8　国有及国有控股印刷企业主要经济指标增长率之差 / 33
表3-9　国有及国有控股印刷企业主要经济效益指标之差 / 33
表4-1　私营工业企业主要经济指标 / 34
表4-2　私营工业企业主要经济指标增长率 / 35
表4-3　私营工业企业主要经济效益指标 / 35
表4-4　私营印刷企业主要经济指标 / 36
表4-5　私营印刷企业主要经济指标增长率 / 36
表4-6　私营印刷企业主要效益指标 / 36
表4-7　私营印刷企业主要经济指标占私营工业企业的比重 / 37
表4-8　私营印刷企业主要经济指标增长率之差 / 38

表 4-9　私营印刷企业主要经济效益指标之差 / 38
表 5-1　外商投资和港澳台商投资工业企业主要经济指标 / 39
表 5-2　外商投资和港澳台商投资工业企业主要经济指标增长率 / 40
表 5-3　外商投资和港澳台商投资工业企业主要经济效益指标 / 40
表 5-4　外商投资和港澳台商投资印刷企业主要经济指标 / 41
表 5-5　外商投资和港澳台商投资印刷企业主要经济指标增长率 / 41
表 5-6　外商投资和港澳台商投资印刷企业主要效益指标 / 42
表 5-7　外商投资和港澳台商投资印刷企业主要经济指标占外商投资工业企业的比重 / 42
表 5-8　外商投资和港澳台商投资印刷企业主要经济指标增长率之差 / 43
表 5-9　外商投资和港澳台商投资印刷企业主要经济效益指标之差 / 43
表 6-1　大中型工业企业主要经济指标 / 44
表 6-2　大中型工业企业主要经济指标增长率 / 45
表 6-3　大中型工业企业主要经济效益指标 / 45
表 6-4　大中型印刷企业主要经济指标 / 46
表 6-5　大中型印刷企业主要经济指标增长率 / 46
表 6-6　大中型印刷企业主要效益指标 / 46
表 6-7　大中型印刷企业主要经济指标占大中型工业企业的比重 / 47
表 6-8　大中型印刷企业主要经济指标增长率之差 / 48
表 6-9　大中型印刷企业主要经济效益指标之差 / 48
表 7-1　生产者出厂价格指数 / 50
表 7-2　工业增加值及增长率 / 52
表 7-3　印刷业增加值及增长率 / 54
表 7-4　工业出口交货值及增长率 / 55
表 7-5　印刷业出口交货值及增长率 / 57
表 7-6　企业及亏损企业数 / 58
表 7-7　印刷业亏损企业数及增长率 / 60
表 8-1　企业流动资产及增长率 / 62
表 8-2　企业应收账款及增长率 / 64
表 8-3　企业存货及增长率 / 66
表 8-4　企业产成品及增长率 / 68

表 8-5　企业资产总计及增长率／70

表 8-6　企业负债合计及增长率／72

表 8-7　企业营业收入及增长率／74

表 8-8　企业营业成本及增长率／76

表 8-9　企业销售费用及增长率／77

表 8-10　企业管理费用及增长率／80

表 8-11　企业财务费用及增长率／81

表 8-12　企业营业利润及增长率／84

表 8-13　企业利润总额及增长率／86

表 8-14　企业平均用工人数及增长率／88

表 9-1　北京市规模以上印刷企业主要经济指标／93

表 9-2　北京市规模以上印刷企业主要经济指标增长率／93

表 9-3　北京市规模以上国有控股印刷企业主要经济指标／94

表 9-4　北京市规模以上国有控股印刷企业主要经济指标增长率／95

表 9-5　北京市规模以上港澳台及外商投资印刷企业主要经济指标／97

表 9-6　北京市规模以上港澳台及外商投资印刷企业主要经济指标增长率／97

表 9-7　北京市规模以上大中型印刷企业主要经济指标／99

表 9-8　北京市规模以上大中型印刷企业主要经济指标增长率／99

表 10-1　山东省规模以上印刷企业主要经济指标／102

表 10-2　山东省规模以上印刷企业主要经济指标增长率／102

表 10-3　山东省规模以上国有控股印刷企业主要经济指标／103

表 10-4　山东省规模以上国有控股印刷企业主要经济指标增长率／104

表 10-5　山东省规模以上港澳台及外商投资印刷企业主要经济指标／105

表 10-6　山东省规模以上港澳台及外商投资印刷企业主要经济指标增长率／105

表 10-7　山东省规模以上私营印刷企业主要经济指标／107

表 10-8　山东省规模以上私营印刷企业主要经济指标增长率／107

表 11-1　河南省规模以上印刷企业主要经济指标／110

表 11-2　河南省规模以上印刷企业主要经济指标增长率／110

表 11-3　河南省规模以上国有控股印刷企业主要经济指标／111

表 11-4　河南省规模以上国有控股印刷企业主要经济指标增长率／112

表 11-5　河南省规模以上公有制印刷企业主要经济指标／113

表 11-6　河南省规模以上公有制印刷企业主要经济指标增长率／114

表 11-7　河南省规模以上私营印刷企业主要经济指标／115

表 11-8　河南省规模以上私营印刷企业主要经济指标增长率／116

表 12-1　广东省规模以上印刷企业主要经济指标／119

表 12-2　广东省规模以上印刷企业主要经济指标增长率／119

表 12-3　广东省规模以上国有控股印刷企业主要经济指标／120

表 12-4　广东省规模以上国有控股印刷企业主要经济指标增长率／121

表 12-5　广东省规模以上股份制印刷企业主要经济指标／122

表 12-6　广东省规模以上股份制印刷企业主要经济指标增长率／123

表 12-7　广东省规模以上"三资"印刷企业主要经济指标／125

表 12-8　广东省规模以上"三资"印刷企业主要经济指标增长率／125

表 12-9　广东省规模以上私营印刷企业主要经济指标／126

表 12-10　广东省规模以上私营印刷企业主要经济指标增长率／127

表 12-11　广东省规模以上大中型印刷企业主要经济指标／128

表 12-12　广东省规模以上大中型印刷企业主要经济指标增长率／129

表 13-1　浙江省规模以上印刷企业主要经济指标／132

表 13-2　浙江省规模以上印刷企业主要经济指标增长率／132

表 13-3　浙江省国有及国有控股印刷企业主要经济指标／133

表 13-4　浙江省国有及国有控股印刷企业主要经济指标增长率／134

表 13-5　浙江省外商投资和港澳台商投资印刷企业主要经济指标／135

表 13-6　浙江省外商投资和港澳台商投资印刷企业主要经济指标增长率／136

表 13-7　浙江省规模以上私营印刷企业主要经济指标／137

表 13-8　浙江省规模以上私营印刷企业主要经济指标增长率／138

表 13-9　浙江省大中型印刷企业主要经济指标／139

表 13-10　浙江省大中型印刷企业主要经济指标增长率／140

表 14-1　江苏省规模以上印刷企业主要经济指标／143

表 14-2　江苏省规模以上印刷企业主要经济指标增长率／143

表 14-3　江苏省国有控股印刷企业主要经济指标／145

表14-4　江苏省国有控股印刷企业主要经济指标增长率 / 145

表14-5　江苏省外商投资和港澳台商投资印刷企业主要经济指标 / 147

表14-6　江苏省外商投资和港澳台商投资印刷企业主要经济指标
　　　　增长率 / 147

表14-7　江苏省私营印刷企业主要经济指标 / 149

表14-8　江苏省私营印刷企业主要经济指标增长率 / 149

表14-9　江苏省大中型印刷企业主要经济指标 / 151

表14-10　江苏省大中型印刷企业主要经济指标增长率 / 151

表15-1　湖南省规模以上印刷企业主要经济指标 / 154

表15-2　湖南省规模以上印刷企业主要经济指标增长率 / 154

表15-3　湖南省规模以上国有控股印刷企业主要经济指标 / 156

表15-4　湖南省规模以上国有控股印刷企业主要经济指标增长率 / 156

表15-5　湖南省私营印刷企业主要经济指标 / 158

表15-6　湖南省私营印刷企业主要经济指标增长率 / 158

表15-7　湖南省外商投资和港澳台商投资印刷企业主要经济指标 / 160

表15-8　湖南省外商投资和港澳台商投资印刷企业主要经济指标
　　　　增长率 / 160

表15-9　湖南省规模以上大中型印刷企业主要经济指标 / 161

表15-10　湖南省规模以上大中型印刷企业主要经济指标增长率 / 162

表16-1　福建省规模以上印刷企业主要经济指标 / 163

表16-2　福建省规模以上印刷企业主要经济指标增长率 / 164

表16-3　福建省国有控股印刷企业主要经济指标 / 165

表16-4　福建省国有控股印刷企业主要经济指标增长率 / 165

表16-5　福建省规模以上外商及港澳台投资印刷企业主要经济指标 / 166

表16-6　福建省规模以上外商及港澳台投资印刷企业主要经济指
　　　　标增长率 / 167

表16-7　福建省大中型印刷企业主要经济指标 / 168

表16-8　福建省大中型印刷企业主要经济指标增长率 / 168

图索引

图 1-1　2018 年出版物印刷增加值区域占比 / 9

图 1-2　2019 年出版物印刷增加值区域占比 / 10

图 1-3　2020 年出版物印刷增加值区域占比 / 11

图 1-4　2021 年出版物印刷增加值区域占比 / 12

图 1-5　2022 年出版物印刷增加值区域占比 / 12

图 1-6　2018 年包装装潢印刷增加值区域占比 / 16

图 1-7　2019 年包装装潢印刷增加值区域占比 / 16

图 1-8　2020 年包装装潢印刷增加值区域占比 / 17

图 1-9　2021 年包装装潢印刷增加值区域占比 / 18

图 1-10　2022 年包装装潢印刷增加值区域占比 / 19

图 7-1　工业生产者出厂价格指数变化趋势 / 52

图 7-2　工业增加值增长率变化趋势 / 53

图 7-3　印刷业增加值增长率变化趋势 / 55

图 7-4　工业出口交货值增长率变化趋势 / 56

图 7-5　印刷业出口交货值增长率变化趋势 / 58

图 7-6　亏损企业数增长率变化趋势 / 60

图 7-7　印刷业亏损企业数增长率变化趋势 / 61

图 8-1　企业流动资产增长率变化趋势 / 63

图 8-2　企业应收账款增长率变化趋势 / 65

图 8-3　企业存货增长率变化趋势 / 67

图 8-4　企业产成品增长率变化趋势 / 69

图 8-5　企业资产总计增长率变化趋势 / 71

图 8-6　企业负债合计增长率变化趋势 / 73

图 8-7　企业营业收入增长率变化趋势 / 75

图 8-8　企业营业成本增长率变化趋势 / 77

图 8-9　企业销售费用增长率变化趋势 / 79

图 8-10　企业管理费用增长率变化趋势 / 81

图 8-11　企业财务费用增长率变化趋势 / 83

图 8-12　企业营业利润增长率变化趋势 / 85

图 8-13　企业利润总额增长率变化趋势 / 87

图 8-14　企业平均用工人数增长率变化趋势 / 89

图 9-1　北京市规模以上印刷企业主要经济指标增长率变化趋势（%）/ 94

图 9-2　北京市规模以上国有控股印刷企业主要经济指标增长率变化趋势（%）/ 96

图 9-3　北京市规模以上港澳台及外商投资印刷企业主要经济指标增长率变化趋势（%）/ 98

图 9-4　北京市规模以上大中型印刷企业主要经济指标增长率变化趋势（%）/ 100

图 10-1　山东省规模以上印刷企业主要经济指标增长率变化趋势（%）/ 103

图 10-2　山东省规模以上国有控股印刷企业主要经济指标增长率变化趋势（%）/ 104

图 10-3　山东省规模以上港澳台及外商投资印刷企业主要经济指标增长率变化趋势（%）/ 106

图 10-4　山东省规模以上私营印刷企业主要经济指标增长率变化趋势（%）/ 108

图 11-1　河南省规模以上印刷企业主要经济指标增长率变化趋势（%）/ 111

图 11-2　河南省规模以上国有控股印刷企业主要经济指标增长率变化趋势（%）/ 113

图 11-3　河南省规模以上公有制印刷企业主要经济指标增长率变化趋势（%）/ 115

图 11-4　河南省规模以上私营印刷企业主要经济指标增长率变化趋势（%）/ 117

图 12-1 广东省规模以上印刷企业主要经济指标增长率变化趋势
（%）/ 120
图 12-2 广东省规模以上国有控股印刷企业主要经济指标增长率
变化趋势（%）/ 122
图 12-3 广东省规模以上股份制印刷企业主要经济指标增长率变
化趋势（%）/ 124
图 12-4 广东省规模以上"三资"印刷企业主要经济指标增长率
变化趋势（%）/ 126
图 12-5 广东省规模以上私营印刷企业主要经济指标增长率变化
趋势（%）/ 128
图 12-6 广东省规模以上大中型印刷企业主要经济指标增长率变
化趋势（%）/ 130
图 13-1 浙江省规模以上印刷企业主要经济指标增长率变化趋势
（%）/ 133
图 13-2 浙江省国有及国有控股印刷企业主要经济指标增长率变
化趋势（%）/ 135
图 13-3 浙江省外商投资和港澳台商投资印刷企业主要经济指标
增长率变化趋势（%）/ 137
图 13-4 浙江省规模以上私营印刷企业主要经济指标增长率变化
趋势（%）/ 139
图 13-5 浙江省大中型印刷企业主要经济指标增长率变化趋势
（%）/ 141
图 14-1 江苏省规模以上印刷企业主要经济指标增长率变化趋势
（%）/ 144
图 14-2 江苏省国有控股印刷企业主要经济指标增长率变化趋势
（%）/ 146
图 14-3 江苏省外商投资和港澳台商投资印刷企业主要经济指标
增长率变化趋势（%）/ 148
图 14-4 江苏省私营印刷企业主要经济指标增长率变化趋势（%）
/ 150

图索引

图 14-5　江苏省大中型印刷企业主要经济指标增长率变化趋势
（%）／152

图 15-1　湖南省规模以上印刷企业主要经济指标增长率变化趋势
（%）／155

图 15-2　湖南省规模以上国有控股印刷企业主要经济指标增长率变
化趋势（%）／157

图 15-3　湖南省私营印刷企业主要经济指标增长率变化趋势（%）／159

图 15-4　湖南省外商投资和港澳台商投资主要经济指标增长率变化
趋势（%）／161

图 15-5　湖南省规模以上大中型印刷企业主要经济指标增长率变化
趋势（%）／162

图 16-1　福建省规模以上印刷企业主要经济指标增长率变化趋势
（%）／164

图 16-2　福建省国有控股印刷企业主要经济指标增长率变化趋势
（%）／166

图 16-3　福建省规模以上外商及港澳台投资印刷企业主要经济指标增
长率变化趋势（%）／167

图 16-4　福建省大中型印刷企业主要经济指标增长率变化趋势
（%）／169